インプレスR&D [NextPublishing]

New Thinking and New Ways
E-Book / Print Book

これからの「教育」の話をしよう

2 教育改革×ICT力

学校広報ソーシャルメディア活用勉強会 │ 編

第3回教育カンファレンス採録＆
GKB48が選ぶ2大テーマ
「アクティブ・ラーニング」
「人格教育」最前線

impress
R&D

An Impress
Group Company

はじめに

学校法人聖学院 広報センター所長　山下研一

　学校広報ソーシャルメディア活用勉強会が、年に1回行っているGKB教育カンファレンスでのプレゼンテーションをまとめた本のシリーズも3冊目になりました。1冊目は電子書籍と紙の書籍（オンデマンド出版）を同時にNextPublishingで出したところ、出版界で話題になるほど売れました。2冊目は学校広報の仲間が集まっているにもかかわらず、少し油断したため1冊目ほど注目されませんでした。そこで、この3冊目は、基本を踏まえながらも今までと違う内容にしてあります。

　ここで少し、「GKB48」の由来について、ご存じない方のために紹介しておきます。学校広報ソーシャルメディア活用勉強会（Gakko Koho social media katsuyo Benkyokai）を略してGKB、47都道府県＋海外で48、それを合わせてGKB48（ジーケービーフォーティーエイト）といいます（以下GKB）。

　2011年8月終わりに、フェイスブックやツイッターなどのソーシャルメディアについての第1回勉強会を大宮で開催し、同時にフェイスブック上に非公開のグループを作りました。そこがスタートです。リアルの勉強会とフェイスブック上でのディスカッションを重ね、1年で600名を超えるメンバーが集まりました。メンバーを狭く考えずに、教育に関係する人なら幼稚園から大学院まで、さらに学校に限らず教育関連会社や教育NPOなどの団体、マスメディアやオンラインメディアの関係者がいます。

GKBがユニークなのは、組織での参加ではなく、あくまで個人の参加としていることです。それが、個が単位の「ソーシャル」ということだろうと、大ざっぱではありますが、そのように考えてスタートしたわけです。これは予想した以上のよい化学反応（chemical reaction）を引き起こしました。それが今日まで活動が続いている理由だと思います。みんなで作り上げた特色を書いてみます。

1.Social First, Business Second

　まず、「Social First, Business Second」という考え方を生みました。どうしても、人は自分が所属する組織の宣伝をしがちなのですが、これを徹底して排除しました。勉強会やディスカッションの中では「営業」は認めていません。（営業目的が強くないイベントの告知は認めています。）また、どんな偉い人でも、どんなすごい企業でも、GKBの中では「さん付け」で呼ぶルールも作りました。その代わりに、勉強会やカンファレンス後の懇親会では、自由に話してよいことにしています。実際、この懇親会の場から、いくつものビジネスが生まれています。

2.無一文からの発想

　次に「無一文の発想」。GKB自体が営利を目的としていないので、文字どおり「無一文」、みんなボランティアです。勉強会もカンファレンスも、趣旨に賛同していただいて、会場を無料で借りています。なんと、講師もスタッフも一切、報酬はありません。それどころか、参加費（だいたい1,000円程度）を講師もスタッフも支払います。そういう意味ではひどいところです。でも、それがイベントを開催するときの運営側の負担を極小化しています。

　イベントをするときには、普通は動員数が問題になるわけですが、こ

れもあまり気にしません。なぜなら「やることに意味があり、集めることに意味はない」からです。どういうことかというと、集まれば動画を撮れるし、写真も撮れます。資料も出来ます。それをソーシャルメディアで発信・拡散すれば、その会場に集まる以上に多くの人に伝えることができる、と考えたのです。10人集まろうが100人集まろうが、その時の動員数にはあまり意味がなく、それをライブで配信する、あるいは動画で配信することができれば、むしろ、はるかに影響力があります。

だから、「動員」ではなく「内容」に集中できるわけです。これは企画者とすれば、とても楽です。動員に引っ張られて参加者に媚びた集まる企画にする必要がなく、その時は「受け」が悪くても、伝えたいことを伝えればいい、と考えているのです。

このことが、GKB教育カンファレンスが他とは何か違うテイストになっているポイントだろうと思っています。

3.誰でも先生、誰もが生徒

「誰か権威を連れてきて、話をお聞きする」というスタイルではなく、「みんなが得意な分野で話をする」というのが基本です。GKBに集まっているのは、社会人経験をそこそこに経た「大人」なので、たいてい専門的な知識やスキルをお持ちです。かつ、その道ではすごい人が集まっています（このことを「大人のGKB」と言っています。自分のことはしっかりと責任のとれる大人なのです）。

だから、カンファレンスでの登壇者を決めるのには苦労しません。むしろ、お断りする方が多いかもしれません。しかも、登壇者に与えられる時間は15分程度、ワンテーマで話してもらうだけです。さらに、講演会の終わりによくある、パネルディスカッションのような全体のまとめもしません。それぞれが「何かを感じて」帰ってもらえばいいと考えているのです。

しかし、面白いことに、必ずそこから次の展開が始まります。参加者同士が交流を始めて講師に招かれたり、講師で行ったり、実際のプロジェクトが始まったりしています。「きっかけはGKB」ということが意外に多いのです。

4. コラボレーションしよう

そして、コラボレーション。今GKBが取り組んでいることは「共感からコラボレーションへ」というテーマです。明らかに今までのステージとは違う展開になるだろうと思います。GKBを母体としてコラボレーション事業を展開していこうということです。これまでに出版も実現し、動画教育コンテンツ・プラットフォームである「GKBコモンズ」も用意しました。その先は、少し組織化が必要になるだろうと考えています。

5. 第2ステージに向けて

「明治以来の教育改革」といわれる大教育改革が始まりましたが、その路線に沿って、いろいろなもの（学校とその周り）が動き出し始めました。それを徹底するためにいろいろな研究会やセミナーが開かれています。

これはこれでいいと思っています。では、GKBは何を考えるのか？

GKBスタートから丸5年。様々な変化がありましたが、私たちの内なる広報魂は生きています。第2ステージでは、これをカタチにしていきます。冒険の始まりです。この本からそのような息吹を感じていただけると幸いです。さらに進んで、趣旨に賛同してGKBの仲間に入りたいという方が出てくるなら、望外の喜びです。

最後になりましたが、本カンファレンスの開催および出版にあたり、多くの皆様のご協力に、事務局を代表して感謝申し上げます。特に、ボラン

ティアでカンファレンスを支えてくださった運営スタッフ、編集チーム
の方々、そして会場をお貸しいただいた株式会社朝日ネット様、そして、
NextPublishing の形でご協力いただいた株式会社インプレス R&D 様、本
当にありがとうございました。

プロフィール

やました けんいち　1954 年、鹿児島県生まれ。東京大学農学部農業生物学科卒業。企画
会社「クリエイトハウス」経営を経て、1997 年から学校法人聖学院に勤務。広報局長を
経て 2015 年より聖学院広報センター所長、学校法人聖学院評議員。学校広報ソーシャル
メディア活用勉強会「GKB48」発起人。

2015 年より、NPO マナビバが開催する「えいご村キャンプ」の村長を務める。2016 年よ
り、ソーシャルメディア広報から CRM を使った SMART 広報への進展を提唱している。

■第三回 教育カンファレンス

[テーマ] 広がるつながり 広げる教育

[日時] 2014 年 8 月 26 日（木）13:00〜17:00

[会場] 東京：朝日ネット 歌舞伎座セミナールーム、

　京都：京都工芸繊維大学 60 周年記念館大セミナー室

　　※グーグルハングアウトで二元中継

[参加者数] 111 名（東京：87 名、京都：24 名）

目次

1

第1章　教育の現場から

「アクティブ・ラーニング」
アクティブ・ラーニングで教師の仕事はクリエイティブになる

　次期新学習指導要領の案を見ると、「カリキュラム・マネジメント」とともに授業や学校の改善の要として「アクティブ・ラーニング」が最重要視されていることがわかります。GKB48のフェイスブックグループ内で実施したアンケートにおいてもアクティブ・ラーニングへの関心が一番高いという結果になりました。

　アクティブ・ラーニングという言葉が現在のように定着するずっと以前から、まさしくアクティブ・ラーニングといえる授業の研究を行ってきた団体があります。日本大学文理学部教授の渡部淳氏が2006年に発足した「獲得型教育研究会」（以下、獲得研）です。

　2016年1月初旬、獲得研は毎年恒例の行事として全国から研究会のメンバーを東京に集め、丸2日にわたる勉強会を実施しました。その勉強会を見学させていただいた上で、1月中旬に日本大学の渡部教授の研究室において、渡部教授と、獲得研のメンバーとして活躍している目黒学院中学・高等学校教諭の藤牧朗氏に、話を伺いました。

講義一辺倒の授業に限界を感じ、アクティブ・ラーニングを導入

司会：藤牧先生は「教えて考えさせる授業」を心がけているそうですが、先生が現在担当されている現代社会を例に、授業の流れをご説明願えますか。

藤牧：予習していることを前提に進めるのが私の授業の特徴です。使っている教科書は1項目2、3ページで構成されており、1回の授業で1項目

（左：藤牧氏、右：渡部氏）

を学びます。授業までに当該項目について教科書で予習してもらい、いくつか質問を考えてきてもらいます。

　授業では、冒頭10分ほどで前回の授業の振り返りを行い、次の5～10分で、今日の内容ついて私がKP法（紙芝居プレゼンテーション）を使って簡単に説明を行います。以前は板書をしながら説明していたのですが、キーワードを示しながら説明するKP法なら、生徒の顔を見ながら説明でき、生徒も眠くなりません。

　こうして、生徒の前提知識をある程度そろえたうえで、4、5人のグループを作ります。グループは席の近い者同士で組ませる先生が多いのですが、私はトランプなどを使ってくじ引きでランダムに決めます。

　進め方としては、まず15分ほどを使い、グループ内で各自が質問を投げ合い、解決されなかった1、2題の疑問を発表させます。それらについて1つずつ、私がトータル10分ほどで解説します。最後の5～10分で、授業の感想や、わかったことをリフレクションシートに記入させます。そして、この日に学んだ内容について、次の授業の冒頭で理解深化（発展的復習）を行うというサイクルで流れていきます。

　次の授業の冒頭では、毎回「ホットシーティング」というアクティビティ（技法）を行います。演劇的手法によるプレゼンテーション技法で、

現実社会や歴史上の登場人物を演じて、教師や他の生徒の質問に答える
ものです。経済の問題なら経産相や経産省の官僚、経済評論家などにな
りきって、新聞記者やテレビリポーター役の生徒の質問に答えたり感想
を述べたりします。

司会：なぜこのような授業に取り組もうと考えたのですか。

藤牧：生徒は歴史や地理の勉強方法、授業の聞き方は、ある程度わかっ
ていますが、公民についてはわからない場合が多い。そのため、最初に
中3の公民を持った時は、いくら私が一生懸命説明しても3分の1くらい
の生徒が寝てしまっていました。これは何とかしなければいけないと考
えた時、以前、東京大学で受講した渡部淳教授の公民科教育法を思い出
したのです。ただ説明するだけではなく、生徒自身が主体的に動くよう
に授業を工夫すれば、生徒の興味関心を高められるのではないかと考え
ました。

　そして、授業に寸劇の要素を取り入れたところ、その時だけ生徒の食い
付きがまったく違いました。「次の授業でもやりましょう」「自分もやっ
てみたい」という生徒がたくさん出てきて、何度か行ううちに普通のレ
クチャー型の授業においても生徒の集中力が向上しました。

次に世界史を受け持った時には「フリーズ・フレーム」というアクティビティを使いました。授業の最後に、写真を撮るような感覚で、複数の生徒が1つの場面をつくるのです。たとえば、ナポレオンの戴冠では、ナポレオン役、ジョセフィーヌ役、ローマ教皇ピウス7世役などの役を割り振り、固まって写真のようなポーズを決める。そこで私がインタビュアーになって「息子が皇帝になりましたが、今の気持ちはどうですか」とマイクを向けます。そうすると、生徒はただ「うれしい」と答えるだけでなく、「これからが心配です」というように、場面に応じて答えてくれるのです。そういうことを話すタイプではない生徒が、役になりきって参加しているのを見て、感じるところがありました。

参加型授業を根づかせるためアクティビティを体系化

司会：そうしたアクティビティはどこで学んだのですか。

藤牧：渡部先生が主催している獲得型教育研究会です。東京大学で先生の講義を受講した後、2011年頃に「参加させてください」とお願いしました。

渡部：獲得研を始めたきっかけとなったのは、『中高生のためのアメリカ理解入門』という異文化理解の教材集です。アメリカについては世界史や政経などで一部出てくるだけで、歴史や政治・経済、文化などを体系的に学ぶ教材はありませんでした。そこで、中高の14人の先生方を編集委員として選抜し、アメリカの病院や学校、教会、老人施設、グランドゼロ、NASA、メジャーリーグなどを題材とする全16項目の教材を作りました。その時、従来の教え込み教材では意味がないと考え、すべての項目に生徒参加型のアクティビティ（技法）を設けました。実際に、このテキストを使って参加型の授業が成り立つかどうかを確かめるため、編集に参加したすべての先生に、北海道から沖縄まで日本中を旅しながら授業を実践していただきました。

ひととおり授業を終えた後、先生に振り返りをしていただく中で、おしなべて出てきた感想が「自分たちには参加型学習を成り立たせるスキルが欠けている」というものでした。とりわけアクティビティのストックがないという反省を口にされる先生が多くいました。ここでアクティビティというのは、「学習者が主体となって取り組む、さまざまなゲーム、ロールプレイ、シミュレーション、プレゼンテーションやディスカッション／ディベートなど諸活動の総称」のことです。

　キャリア20年以上で全国から選んだ優秀な先生でさえ、アクティビティを運用するスキルがないと感じている。では、日本の授業を参加型にするにはどうすればいいのかを考えた結果、まずはアクティビティの体系化を図ること、その研究成果を公刊して、参加型学習のルールブックとして日本中の先生に活用していただくことが必要だと考えました。2006年に獲得研を立ち上げ、小学校から大学まで40人の先生に参加していただきました。以来2016年3月までに102回の定例研究会を実施し、5冊の書籍を刊行、116のアクティビティを組み合わせて体系化しました。獲得研は少数精鋭を基本としているため、メンバーは当初の人数から10人ほどしか増やしていません。結成から10年が経って理論的な展望も見えてきたので、今後は少しずつメンバーを増やしていきたいと考えています。

司会：それほど多くのアクティビティを使いこなせる先生はいるのですか。

渡部：116のすべてを使いこなす必要はありません。自分に合ったもの、使えるものから試していただき、少しずつスキルアップを図っていただければいいのです。教科特性もありますし、生徒との相性やクラスの雰囲気などによって変えたり、複数のアクティビティを組み合わせたりしてもいいでしょう。

　もっとも、いきなり子どもたちに「やりなさい」と言っても、簡単にはできません。大切なのは、教師が生徒をアクティビティで実践する授

業の「世界」に招待することです。最初は先生自身がかつらをかぶって役を演じ、徐々に子どもたちを主体にしていくというやり方もあると思います。獲得研の最新刊である『教育プレゼンテーション』（旬報社）に30の技法を載せています。辞書のような構成になっているので、できるところから挑戦していただきたいと思います。

（勉強会での演劇的手法の研修）

生徒の成長を正しく測るテストや評価方法が必要

司会：従来型の授業と比べて、生徒の学習能力の伸びは感じられますか。
藤牧：通常のペーパーテストでは、比較はできません。知識・理解を問う従来型の定期考査であれば、講義形式の授業でも、日々小テストを課し、高い点数を取らせることはできます。問題はそこに生徒の興味関心を引くものがあるのか、あるいは社会に出た後、生きていくうえで役に

立つ力が身に付くものがあるのかということです。衆議院の定数を覚えても、子どもたちが社会に出る頃には変わっている可能性が高い。それよりも、なぜ参議院が必要なのか、そのような制度になっているのかを考えさせるほうが、生きた知識が身につき、政治理解や政治参加の意識を養うことにもつながるのではないでしょうか。

　以前、生徒にどういう授業を受けたいのかをアンケートで聞いたところ、ほとんどの生徒が「自分が発言できる授業」と答えました。生徒は自分を出したいと思っているのに、授業では意外にも自分を表現できる場が少ないのです。自分の力を発揮し、それがきちんと評価される機会を与えなければ、生徒の主体性は育つわけがありません。「教室は間違ってもいい場所である」という認識を共有することが大切であり、自分らしさを出したり自分の考えを表現したりすることで、学び合う集団になってほしいと思っています。

司会：アクティブ・ラーニングによる学力の伸びはどのように測ればよいのでしょう。

藤牧：アクティブ・ラーニングに真剣に取り組みたいのなら、テストの問題や評価の方法もそれに合わせた形にする必要があります。理想はパフォーマンス評価ですが、それは時間的に厳しいので、ペーパーテストを前提に考えると、記述式の問題をメインにするのが良いと思います。私のテストはすべて記述式で、公平に評価するために、点数の付け方を客観的に定めたルーブリックを作って生徒に配付しています。以前はなぜこの点数なのか、試験後に訴えてくる生徒がいましたが、ルーブリックを配付してから不満の声は一切なくなりました。

アクティブ・ラーニングが育む4つの「知恵」とは

司会：どういうアクティブ・ラーニングが理想なのでしょうか。

渡部：生徒が活動していればアクティブ・ラーニングをしているという

紋切り型のイメージがありますが、生徒が動くこと自体が目的ではありません。活動を通して学びの質がどのように変わり、どのような能力を身に付けられるのかということが大切なのです。意欲や態度、思考力・判断力・表現力など学力の概念が広がっていますが、我々が育てたいのは知識だけではなく学び方も身に付けた「自立的学習者」です。

教科書で教えられる知識はすぐに古びてしまいますが、学び方さえきちんとマスターしていれば、自分で知を更新したり組み立て直したりすることができます。自律的な社会とは、そうした自立的学習者によって構成された社会であり、自分で社会をコントロールできる人、自分の身の振り方を自分で決められる人を育てるのが我々の究極の目標です。

生きるための「知恵」を身に付けさせるといってもいいかもしれません。知恵は4つの要素で成り立っています。1つ目は学びのベースになる「知識」です。これまでの日本では、学びといえば知識を身に付けることを指し、それをわかりやすく噛み砕いて教えることがエージェントとしての教師の役割でした。2つ目は「学びの体験」です。レポートを書く、話し合いをする、プロジェクトを成功させるといった多様な体験を豊かに持っていることがそれにあたります。3つ目は「学びの作法」。いわゆる「学び方」のことで、OECD（経済協力開発機構）ではコンピテンシーと呼び、言葉や概念を使って世界と関わっていく力であるとされています。

4つ目が「自己存在への気づき」です。人は他者と話し合ったり苦労を乗り越えたりする体験を通して、自分はここが他の人と違う、ここが優れているということに気づくものです。他者との共同作業の中で自己を確立するというプロセスは、アクティブ・ラーニングだからこそ可能な学びといえるでしょう。

状況に応じて自由に技法を組みかえるスキルが必要

司会：藤牧先生は最初からアクティビティを使いこなすことができたのですか。

藤牧：私の場合、最初は「ついていけないな」という感覚でした。初めはかなり無理をしていた面はありますが、自分の成長のために、何よりも目の前にいる生徒たちが楽しく学べるために「頑張るしかない」と思って取り組みました。

渡部：アクティビティが定着する過程には、おおよそ4つのフェーズがあります。

第1段階は、アクティブ・ラーニングを成立させるためのアクティビティとは何か、個々のアクティビティにどういう機能や目的があるのかを知ること。

第2段階は学習プロセスのデザインです。すべてのアクティビティを使うことはできないため、授業のどこにアクティブな要素を入れるのか、どの程度の比率で入れるのか、どの技法を使うのかを考えて授業をデザインできる段階です。

第3段階はアクティビティの運用能力を持つことです。学習内容や生徒の習熟度などを踏まえて、状況に応じて授業にアクティビティを使いこなす力です。教師があらかじめ結論を用意し、そこに誘導していくだけでは参加型の授業になりません。途中で出てきた生徒の意見を受けて即座に内容を組み替えたり、生徒同士の対話を利用しながら必要な知識を学ばせたり、授業を自在に組み立てながら学びを深めていく柔軟性が教師には求められます。

第4段階は自分で新しいアクティビティを開発する段階です。目の前の生徒に合うアクティビティがないと思ったら自分で作る。あるいは既存のアクティビティのルールを変えて、別のバリエーションを作ればよいのです。

教師は「役者」ではなく「演出家」を目指すべき

司会：これまでの教師像とはかなり違うように思えます。

渡部：これまでの教師はいわば「役者」で、自分一人が演じて、教えたいことを教えていました。しかし、これからはむしろ生徒が「役者」であり、教師は「演出家」に徹しなければいけないと私は考えています。「役者」である生徒の反応を見ながら、さまざまな技法を駆使して、生徒が学びを深めていくよう学びをプロデュースする。これからの教師は独創性や創造性、柔軟性、発想の豊かさが求められるクリエイティブな職業になっていくでしょう。

　ただし、こうしたスキルを身につけるのには個人の努力では限界があります。「これはうまくいかなかった」「ここはうまくできた」など、さまざまな情報や悩みをシェアできるコミュニティが必要です。職場の同僚が理想ですが、学校外でも構わないので、苦労を分かち合える仲間を見つけてください。

藤牧：私の学校でもアクティブ・ラーニングを取り入れる先生が増え、授業改善の話題が日常的に上るようになりました。ただし、テストを変えることに対する抵抗感がいまだに強く残っている先生が多いようです。

私も記述式の試験を課すにあたって、保護者に直接説明し、納得していただきましたが、多くの先生にとってはハードルになっています。

　生徒は私のやり方を支持してくれています。2015年度の高校3年生は、現代社会は入試科目ではないのに、ほとんどの生徒が私の授業科目を履修していました。年度末に取るアンケートで、「この科目を取ってよかった」「ここで学んだことは将来に役に立つと思う」と書いてくれる生徒が多く、うれしく思います。「藤牧先生の授業を受けている時は、何でこんなことをやるのだろうと思っていたけど、あの授業が大学で一番役に立っている」と卒業生は言ってくれています。入試には出ないかもしれませんが、授業で養った、ものの見方や考え方は必ず大学や社会で生きてくる。それを信じて、これからも授業改善に取り組んでいきます。

「人格を創る」
学校説明会で大活躍する生徒たち〜キャンナビ

　『人格』を広辞苑で引くと、①人がら。人品。②パーソナリティに同じ。③道徳的行為の主体としての個人。④法律関係、特に権利・義務が帰属し得る主体・資格。権利能力。とあります。

『人格教育』には、「心身の健全な発達とともに知性・情操・道徳性・社会性などの調和のとれた円満な人格の完成を目標とする教育」と書かれています。

　教育は、学校・家庭・社会の三者がそれぞれの役割を持ち、連携して行われることが理想とされてきました。しかし、家庭環境や社会の変化に伴い、家庭や地域の教育力の低下が問題になっている中で、道徳観や倫理観、自己効力感、主体性、人間性の教育など、多くのことが学校に期待されている現実があります。

　確かに、教科教育以外の、例えば学級活動や委員会活動、部活動などの活動が人格の形成に関わる教育となっていることはあると思います。

　東京都北区にある私立桜丘中学・高等学校では、そうした学級活動や部活動とはちょっと違った、キャンパスナビゲーター（通称キャンナビ）の活動を通して人格の育成がなされていると聞き、取材をしました。

　取材時には、キャンナビの創設当初から関わっている桜丘中学・高等学校の次世代教育開発担当参与である品田健先生、現役のキャンナビとして活躍中の佐藤勇太さん（高3）、黒澤陽さん（高3）の3名に集まっていただき、話を伺いました。

※所属、学年は2016年3月現在のものです。

キャンナビの活動内容とスタートしたきっかけ

司会：まず、キャンパスナビゲーターはどんな活動をしているのか教えてください。

佐藤：多くの高校が学校説明会、学校見学会を実施していることと思いますが、桜丘では学校説明会と言っていて、私たちキャンナビは、その学校説明会の資料の準備から当日の運営までを行っています。

司会：桜丘の学校説明会は、年間では何回くらい実施されているのでしょうか？

佐藤：桜丘は中学と高校とで生徒募集を行っています。そのため、中学、高校それぞれ10回くらいずつ、年間で約20回の学校説明会が開催されています。

黒澤：学校説明会は土日に開催していますので、私たちは土日の休みを返上してボランティアで活動をしています。

司会：土日以外に活動することはないのでしょうか？　準備も土日に行っていますか？

黒澤：会場の設営準備は開催日の朝に行うので土日になりますが、学校説明会で配付する資料の作成や学校案内のセット作業などは、平日の部

活がない日を選んで、放課後に行っています。

司会：黒澤さんは部活動もしているのですね？

黒澤：バトントワリング部に所属しています。高校に入ってから始めたのですが、とても楽しくて充実しています。実は明日がバトントワリングの全国大会の日なのです。

品田：桜丘高校では部活動への参加は必須ではありませんが、90％以上の生徒が参加しています。もちろん、部活動に参加していない生徒もいるのですが、キャンナビの生徒たちは部活動も頑張っていることが多いですね。

佐藤：ちなみに僕はテニス部に入っています。

司会：学校説明会での具体的なキャンナビの活動を教えてください。

佐藤：最初、来場者の皆さんに体育館に集まってもらって、そこで全体説明会を行います。この時の司会進行がキャンナビのスタッフで、全体説明の中でキャンナビが発表するプログラムもあります。全体説明の後は希望者にキャンパスツアーを体験してもらったり、個別相談を行ったりしますが、キャンパスツアーを案内するガイドをキャンナビが務めます。個別相談の相談者は先生方が行っていますが、誘導、案内はキャン

ナビの仕事です。

黒澤：中学校は給食があるので、給食体験のプログラムを用意していま
す。給食の配膳も、もちろんキャンナビが行っています。

司会：品田先生に質問しますが、このキャンナビの制度がスタートした
のはいつ頃のことで、何がきっかけだったのでしょうか？

佐藤：それ、聞きたいです！

品田：今、桜丘は共学の学校となっていますが、女子校の時代が長くあ
りました。キャンナビがスタートしたのは女子校時代の最後の頃で、今
から15年ほど前になります。当時、すでに私は広報の仕事をしていたの
ですが、私と一緒に広報の仕事をしていた女性のスタッフからの提案で
した。その頃も学校説明会を実施していましたが、学校の紹介をするの
は教員でした。生徒が話をするプログラムもありましたが、「桜丘は楽し
いです」と、用意された原稿を読むような、すごく作り物っぽい印象が
ありました。「学校説明会に来てくれた人が求めているのはこんな内容な
のだろうか、もっと生徒の本当の声を聞いてもらった方がよいのではな
いか、それは必ずしも同じような言葉である必要はなくて、生徒がそれ
ぞれに別のところに学校の楽しさや喜びを感じていてもよいのではない
か」という考えで、その女性スタッフは提案をしたのです。

　最初は、私を含めて多くの教員がその提案に反対でした。反対の理由
はリスクです。生徒の言動を管理できないと思ったのです。また、そも
そもそんな活動を引き受けてくれる生徒がいるのだろうか？　という疑
問もありましたし、たとえいたとしても人前できちんと話をすることが
できるのか、わかるように説明ができるのか、という不安もありました。

　しかし、そうした教員たちの反対にも負けず、「自分が全部面倒を見る
から」ということで彼女は企画を押し通しました。思えば、すごいエネ
ルギーです。「キャンパスナビゲーター」という名称もその女性スタッフ
が考えたので、最初からその名前でした。

クラスの半数以上がメンバー

品田：キャンナビが始まったのは女子校時代でしたので、もちろん1期目は全員女子。彼女が1人ずつスカウトして集めたので、人数は10名いなかったと思います。

佐藤、黒澤：え〜っ！？

司会：佐藤くんと黒澤さんがたいへん驚いていますが、それは人数のことでしょうか？

黒澤：10名いなかったなんて。

司会：現在は、どのくらいの人数のキャンナビがいるのですか？

佐藤：100名を超えています。

司会：そんなにいるのですか。

黒澤：うちのクラスの半分以上の生徒はキャンナビです。

佐藤：高1の時に僕らが入った時の代が一番多かったと聞いています。確か135名とか。

品田：しかし、人数が100名を超えるようになったのはここ4、5年のことなのです。最初は本当に10名に満たない人数でのスタートでした。仕事の内容は今とほとんど変わらないのですが、以前はもっと生徒任せのところが多かったと思います。企画者の女性スタッフの考えで「任せるならとことん生徒に任せよう」と。まあ、人数が少ないからできたということもあるでしょう。共学になって男子のメンバーが入ってきて、その男子たちの頑張りで人気が出て、次第に人数が増えていきました。

司会：キャンナビの活動はボランティアとお聞きしています。そうであるにもかかわらず、クラスの半分の生徒が参加したくなるキャンナビは、どこにそんな魅力があるのでしょうか？

黒澤：キャンナビに参加した理由としてよく聞くのが、「自分が中学生で学校説明会に参加した時、キャンナビに学校を案内されて『カッコいい！』と思った。入学したら自分も絶対これをやろうと思った」という

ものです。

佐藤：僕、まさしくそれです。全体説明の後に、個別相談の順番が回ってくるまでに少し時間があって、その時に誘導してくれたキャンナビの先輩と1対1で話をしたのですが、いろんなことを隠さずフランクに対応してくれて、それが本当にカッコいいと思いました。この時にキャンナビの先輩に出会わなかったら、僕は桜丘を選んでいなかったかもしれません。

品田：まあ、実際アンケートを見てみると、「何でこの学校を選びましたか」の項目では「在校生の印象が良かったから」がずっと1位です。「先生が良かった」が「在校生の印象」を超えて1位になったことは一度もありません。もはや、キャンナビが校風をつくっているともいえます。黒澤さんや佐藤くんが言っているように、自分が1年後にキャンナビとして活躍している姿をイメージして学校を選んでもらっているのだと思います。

キャンナビの活動を通して成長する生徒たちの姿

司会：キャンナビが学校の生徒募集の大きな力になっていることは理解できました。キャンナビの活動の別の意味として、キャンナビが生徒を成長させていると思うことはありますか。

佐藤：すぐ頭に浮かんだ同級生の女の子がいます。彼女はすごくシャイで、普段は人前に出るとあがってしまってしゃべれなくなるような子なのですが、キャンナビの活動が大好きで、いつも楽しそうで、学校説明会の場ではあがり症を乗り越えて大活躍していると思います。つい先日、キャンナビの反省会があったのですが、キャンナビ同士で頑張ったキャンナビを選ぶ総合評価部門で表彰されていました。年間約20回の学校説明会のうち、僕はだいたい半分の10回ほど参加していて、そのくらいの回数が平均だと思うのですが、おそらく彼女は20回ほとんど毎回参加し

たのではないでしょうか。

司会：表彰はたいへん良い仕組みだと思ったのですが、どんな表彰があるのですか？

佐藤：まず、「トップ・オブ・キャンパス・ナビゲーター（The Top of Campus Navigator)」が1名選ばれます。キャンナビの頂点です。

黒澤：それから、後輩育成部門の功労者、裏方部門の功労者の表彰もあります。

【参考資料】キャンナビ（CN）各賞

「CN相互評価　部門」2名
　この賞は、アンケートにて実名で模範生徒として名前があがっていたCNへ贈られます。

「CN後輩育成　部門」1名
　この賞は、CN活動を通して後輩への育成をこなしていたCNへ贈られます。

「CN受付マスター　部門」3名
　この賞は、説明会の受付配置にて、業務を安心して任せられると認めたCNへ贈られます。

「CN裏方職人　部門」4名
　この賞は、説明会以外の日に「資料作成」職人として励んだCNへ贈られます。

「CN説明会貢献　部門」3名
　この賞は、今年1年間のCN活動を通して、説明会への参加貢献を総合的に評価したCNへ贈られます。

「CNベスト司会者　部門」2名
　この賞は、説明会CN司会として精一杯励んだCNへ贈られます。

「CNオール・ラウンダー　部門」1名
　この賞は、CN活動にて、全ての配置をこなせるオール・ラウンダーとして認められたCN3年生へ贈られます。

「The top of Campus Navigator　部門」1名
　この賞は、CN活動のスペシャリストとして認められたCN3年生へ贈られます。

品田：人前に立って説明をしたり、接客をしたりすることが得意な生徒がいます。人前で話をすることが苦手でもコツコツと勤勉に資料作りに励んでくれる生徒もいます。活躍する場所、場面は違いますが、それは

それぞれの個性です。いろいろな生徒たちを評価したくて、視点を変えた賞を複数持つことにしたのです。キャンナビの活動による生徒の成長ということでいえば、最初はキャンナビの導入自体を心配していたわけです。正直、生徒に任せて大丈夫なのだろうかと思っていました。ところが、思い切ってやってみたところ、予想外に大きな効果が表れていると思います。学校説明会に参加してくれる小学生や中学生、そして保護者や学校の先生、そうした方々への対応の中で、自分の力で難しい判断をしていくという経験を持つこと、こうした経験が自信につながり、自主性が育まれていきます。上級生になって後輩に指導をするという場面から学んでいくことも多くあります。マニュアルの改訂、更新も自主的に行ってくれています。

司会：マニュアルも作られているのですね？

品田：初期のメンバーが次年度の参考になるようにマニュアルがあるとよいと考えて作ってくれたのです。キャンナビの活動では、教科の授業からは得られない学びがあると強く感じています。最初は一人のスタッフの想いでスタートした企画ですが、今では学校全体が学校を挙げて応援する取組として成長しています。応援していることを示す一つとして、

1年間頑張った生徒にはキャンパスナビゲーターのバッジをプレゼントしています。

司会：バッジもあるのですか？

佐藤：僕が今、付けているバッジです。これ、本当に気に入っています。

黒澤：学校で唯一、着用できる装飾品ですから。

佐藤：さきほどマニュアルの話が出ましたが、学校説明会の時にマニュアルはiPadに入れて持ち歩いているのです。ほかにもiPadに学校生活を紹介する写真を入れて、キャンパスツアーの時などに写真を見せながら説明しています。

黒澤：マニュアルとiPadのおかげで、すごく説明や受け答えがし易くなりました。

マニュアルに頼らずに生徒たちが判断をしていく重要性

司会：キャンナビの活動の今後についてお聞かせください。

品田：キャンナビは、今では桜丘になくてはならないものになっています。生徒募集のための大きな力であるとともに、生徒たちの重要な学び

の場でもあります。

　過去には、この活動で培ったホスピタリティを持ってホテルマンなどで活躍している卒業生が少なくありません。現在はディズニーリゾートで働いている卒業生は伝説のキャンナビです。ホスピタリティのかたまりのような彼は、まさに天職を得たと思っています。

　マニュアルの話をしましたが、実績を重ねるごとにルールが整備され、工夫がされて運営の完成度が上がってきました。人数が10名以下のスタートから100名以上の大所帯になったということもあるので、仕組みをつくっていかなければならない状況があったわけです。完成度が上がればリスクは少なくなりますから、学校説明会を運営する学校の立場としては良いことなのですが、重要な学びの場であると考えた時には、失われてしまったものも実は少なくはありません。ルールを決めることは、リスクが軽減されるとともに生徒個人が自分の裁量で判断する経験の機会を減らしてしまいます。指示がなければ動けない人間を育ててしまうということです。

　例えば、こんなことがありました。数年前の相談員が少なくて個別相談の待ち時間が長かった頃のことです。相談希望者を長時間お待たせすることが申し訳なく、またお腹もすくので、夕方6時くらいになるとドーナッツをサービスしていました。最初はルールがなかったので1人で2個、3個と持っていってしまう人がいました。そのため中学生1人1個ずつというルールを定めることにしました。ある時、中学生が一緒に来ている弟の分として1個余計にもらえないかと、キャンナビの一人に要望しました。ここは自分の判断で返事をしてもらいたかった場面です。弟の分をあげるということはルールから外れた行為になります。キャンナビは自ら判断ができずに教員の判断を仰いでしまいました。ドーナッツの在庫の問題もあったのかもしれませんが、ルールを決めた意図が何であったのかを考えて欲しかった。中にはもっと難しい質問もあると思います。マニュアルに頼ると楽になることはあると思いますが、マニュア

ルにないことが起こった場合にどんな対応をとるのか、そういうときこそが貴重な学びの場なのだと思います。

AI（人工知能）の研究、開発がすごいスピードで進んでいますが、倫理や正義など判断の部分において共通の問題をはらんでいると思うのです。そうした意味からも、完成度を高める一方で、もっと生徒の自主性や判断に任せていくことも多くしていきたいと思っています。

司会：佐藤くんと黒澤さんには最後にこんな質問をします。30年後の同窓会に参加した時に、同級生にどういうふうに自分を覚えていてもらいたいと思いますか？

佐藤：難しいですね。僕はとにかく自分の周りの人を楽しませたいと思っています。だから、面白い奴だったなあと思い出してもらいたい。桜丘一のエンターティナーと呼ばれたいです。

黒澤：私は人に対して優しくしたいとずっと思っています。「いつも笑顔だった」「優しかったね」と思い出してもらいたいです。

※品田健氏は2016年8月に桜丘中学・高等学校を辞し、現在は聖徳学園中学・高等学校（東京都　武蔵野市）のエグゼクティブICTディレクターとして活躍している。黒澤さん、佐藤さんは2017年3月に卒業。キャンナビは次世代に受け継がれている。

2

第2章　プレゼンテーション

01 慶應卒元吉本芸人が語る！
AO・推薦入試対策を通して体得するダルマ力　[内藤紗弥花 VITA]

内藤紗弥花 VITA

　高校生時代の私は非常に目立ちたがり屋でした。「私に清き一票を！」と活動を行い、生徒会長に選ばれました。そして生徒会長を2年間務め、そのノリで政治家を目指し、日本を元気にしようと思っていました。

　ところが大学3年生、就職活動中にふとひらめきました。

　「政治の場ではなく、笑いで日本を元気にできないか」。自分の別の可能性を試してみたいと思ったのです。

　家でお笑い番組を見ていて、「これ、私でもいけるんじゃない？」と思いました。そして、考える前に行動に移し、いきなりお笑いの道に飛び込んでいったのです。

このネタをご存じですか？

　私はAO入試や推薦入試など、評定では評価できない学生たちの個性を引き出し、自己アピールをして大学に入っていくというインストラクターをしています。大学のAO入試でトップ合格をしたとう経歴があるので、その経験を生かして、このようなことを始めました。

　これからの時代、暗記型の画一的な教育ではなく、自分の個性を思い切り表現していく、つまりコミュニケーション能力が必要になってきます。

　このネタをご存じですか？

　「転んでも立ち上がる、海空花子です！」

私、売れていなかったので、皆さんは知らないと思いますが、「2010年売れそう芸人」ということで、このネタを持って『さんまのまんま』や『笑っていいとも』などに出演させていただきました。

　拍手！パチパチパチ…

そもそもコミュニケーションとは

　私はいつも、高校生対象の講演の初めに拍手のパフォーマンスを行います。会場の聴講者に拍手をしてもらって、「みんなに拍手をしてもらったこと、これこそがコミュニケーションなんだよ」という話をしています。

　今も、最初にワーッと拍手をしていましたが、VITAがトントントントンと刻み始めたら、皆さんもトントントントントンと刻んでくれました。VITAの動きが変わったということを「理解」し、どうしようか「考え」、そして「表現」したということです。そう、これこそがコミュニケーションなのです。

　Communication の com は「共に」、uni は unit、「1つの」という意味です。一緒に1つのことをしている時、それはコミュニケーションが成立

している状態です。

　私は、高校生や大学生、そして中央官庁の法務省や、管理職の方にまでコミュニケーションを伝えているのですが、なかなか皆さんは最初の「理解」が大事であることが、理解できていません。「自分を表現できない」「何をやったらいいかわかりません」と、皆さんは相談に来てくれるのですが、実は、ファーストステップは「相手を理解すること」なのです。

　これは、日常のコミュニケーションでも推薦入試でも就職活動でも同じです。相手に心を開いてもらう方法、相手に受け入れてもらう方法は、相手を承認することから始まります。相手を理解し、そして表現を変えていくというのは、お笑い芸人なら誰もが持っている「お客さんの空気を読む力」が生きるところです。

理解をすっ飛ばして自己顕示欲の塊だった私

　今はこんなことを説明していますが、そんな私も昔は自己顕示欲の塊でした。お笑い番組を見て「これ、いけるんじゃない？」と、深く考えることもなくお笑い業界に飛び込んでいきました。「親に反対されませんでしたか？」とよく質問されます。両親に自分の思いを伝えたその日のことはよく覚えています。

　「お母さん、私、芸人になろうと思う」と私が言うと、「しょうがないね」とだけ母親は言いました。

　「いやいや、しょうがないってさ、慶應にまで入れてもらったんだし、反対とかしないの？」

　反対されているわけではなく、すでに賛成されている状態であるのにも関わらず、「反対とかしないの？」と私の方が大騒ぎ。大声で話していたら、父親が起きてきました。父親に話す覚悟を私が持つ前に、母がいきなり「パパ、この子、芸人になりたいんだって」と報告してしまいま

した。

　そうしたら、父親は何事もないかのように「しょうがないだろうな」と言ったのです。

　「いや、夫婦そろってかい！」

　このような形で、私は両親からあきらめにも似た了承を得て、お笑いの業界に入ったのでした。

理解し、考えたら、表現できるようになった

　無計画にお笑いの世界に入った私ですが、初年度の年収はいくらだったと思いますか？私の芸人生活初年度の年収は、なんとたったの8,900円でした。チャンスがない、貯金もない、そして何より、お笑いのことを何も調べずに入ってしまったので知識もなかったし、才能もなかったのだと思います。

　年収がたったの8,900円というような乏しい生活をして2年が経ったころ、もう芸人を辞めてしまおうとアルバイト先の友人に相談を持ちかけたら、「VITAの夢はみんなの夢なんだよ。だから頑張って！」という励ましの言葉を掛けられたのです。

　驚きました。当時、私はアルバイトを5つ掛け持ちしていて、いちばん迷惑をかけていた仲間に「VITAの夢はみんなの夢だ」と言ってもらえたからです。恥ずかしながら…自分が表現することにしか興味がなかった私は、初めて「人がいる」ということを「理解」することができました。「自分だけじゃない。人がいるから自分がいるんだ」と、初めて身体で感じたのです。そして私は「考え」「決め」ました。「才能がないけどテレビ出たい」と。「恩返ししたい」と。その時から、なりふり構わずに何にでもトライし、「2010年売れそう芸人」ということで注目されて、テレビ出演のチャンスを手にすることができたのです。

やらないよりやった方がいい。やった方より…

　高校生にこう言っています。「やらないより、やった方がいい」。そう、やらないよりやった方がいいに決まっています。でも、それだけでは足りません。私は「やり切った方がいい」と言っています。「どんなに向いていないことだったとしても、自分が決めたことなのだからやり切りなさい」と。自分で周りを理解し、考え、そして行動すれば、必ず夢はかないます。

　AO入試、推薦入試には賛否両論があります。早い時期に合格してしまうので、進学先が決まった後に勉強しなくなるのではないかともいわれています。でも、AO入試や推薦入試で志望理由を考えるということは、その先の未来、どういう未来を歩きたいのかということを高校生が考える最初のきっかけでもあります。

　だから、私は彼らに、AO入試、推薦入試への挑戦を通して「夢をかなえる」ということを、自信を持って宣言をしてもらいたいと思っています。それを私は伝え続けたいと思っています。

　そして、そのために私ができることは、自分が輝く姿を見せること。大人の私たちが楽しんでいる姿を見せ、教育をみんなで変えていきましょう。

プロフィール

ないとう さやか　1985年、神奈川県三浦市生まれ。慶應義塾大学湘南藤沢キャンパス（SFC）総合政策学部のAO入試にてトップ合格。卒業後は、政治家志望から一転、突然よしもと芸人となる。アロハのVITA（ボケ担当）として芸人活動を展開する。朝ドラふう女子のキャラクターで、「うちはダルマや転んでも起き上がる、海空花子です」のフレーズで、「さんまのまんま」「笑っていいとも」などのテレビ番組にも出演。その後、ヘルメスゼミにて、大学受験推薦入試指導に携わる。

Speaker's Now

独立して等身大株式会社を設立し、高等学校や大学での講演で日本中を飛び回っている。

著書に『コミュニケーション力がアップする！You I We の法則』(秀和システム 2015年発行)。

02 大学をきちんと比較検討できるwebサイトを作る　[塩野克彦]

一般社団法人日本教育基準協会 事務局長　塩野克彦

2013年9月より、大学の比較検索サイトとしてオープンしている「進学COM」（http://shingakucom.jp）。大学をきちんと比較検討できるサイトによる新しい大学選択のススメとして、なぜ、このようなサイトを作ることになったかを踏まえて話します。

高校生が大学を選ぶ際の問題点

高校生が大学を選ぶ際の問題点はいろいろあるかと思います。まず思いつくものが大学のパンフレット。これだけでは大学の情報は足りません。次に思いつくのがオープンキャンパス。行きたいレベルの学校が10校、20校とあったとして、受験勉強や学校生活の合間を縫って、いったい何校に行けるでしょう？

そもそも大学の数が多すぎるのではないでしょうか。4年制大学は780校ぐらいあります。しかも、1つの大学に学部がたくさんあって、その中からどの大学のどの学部に行けばいいのかを選ぶのは大変です。

大学にとって都合のいい情報しか出てこない

短時間で大量の情報を得られる手段として、ウェブサイトによる高校生と大学をマッチングさせるような仕組みを考えなければいけないのではないかと考えました。その中でいろいろと調査をしていくと、AO入

　試で入った学生は途中で辞める人が特に多いということが、統計的に出ているのがわかりました。様々な理由が考えられますが、勉強したいことが勉強できる学部、自分がなりたい職業になることのできる大学に行けていないから、という理由も大きいのではないでしょうか。

　その原因はどこにあるのでしょうか？私がいくつかの大学のパンフレットを見てみた時のことなのですが、「英語に強い」「留学制度がある」といった大学の都合のいい情報ばかり載せていて、高校生が本当に知りたい内容が書いていないか、わかりづらく表記されていることが多いと感じました。また、せっかく簡単に情報を得られるウェブ上での既存の大学比較サイトでも、大学から情報掲載料という形でお金をもらって掲載しているので、大学の都合のいい情報しか載せていません。これでは、前情報と入学後の情報に差異が出るのは当然ではないでしょうか？ただ、大学側としても、実際にどういう情報を掲載すればいいのかといったところがわからないことも多いと思います。そもそも、高校生が本当に知りたい情報とはどういうことでしょうか。

大学検索サイトとしての新たな試み

　私たちが考えた「進学COM」というサイトでは、新たな仕組みを取り入れています。

　まず、情報掲載料をもらって大学情報を出す仕組みではなく、「合格お祝い金」という、いわゆる成果報酬システムを作りました。「進学COM」を通じて「受験して合格した」という結果を持つ人数分の料金を、その大学からいただく形です。掲載料だと、実際に何人が受験してくれたかもわからないので、「合格お祝い金」での成果報酬は非常に無駄のない広告だといえるかと思います。

　そしてもう一つ、実際に学生数、教員数、学校の広さなどといった大学に関する実数を数値化して掲載し、比較できるようにすることです。それによって、嘘偽りのない情報を大学が提供できるようになると考えています。「大学ポートレート」でも各大学に関する様々な数値を掲載していますが、掲載しているだけで、比較検討はできません。「進学COM」では、数値をさらにわかりやすい5段階評価にし、なおかつ様々な視点で比較検討できる仕組みを取り入れています。

進学COMの活動について

　「進学COM 」は2012年から企画を練り、2013年9月にオープンした、まだ間もないサイトです。現在は4年制大学を中心に情報掲載が可能な体制を整えています。

　また、「進学COM」での大学評価基準を決めるための組織でもある一般社団法人日本教育基準協会（http://jp-eca.or.jp）では、最近、問題となっているネットリテラシーや奨学金についてのセミナーや書籍販売なども行っています。

　昨今では、アクティブ・ラーニングという名称で、子どもたちが自ら進

んで勉強することが推進されていますが、こと受験に関しては、子ども自身が大学を選んでいるようで、親や親類、学校・塾などの先生が「ここなら確実に受かるから」「自分が行ってみてよかったから」など、受験先を推薦する形で、実際は選択肢を狭くしていることが多いかと思います。

ただ、有効な大学情報が、そういった推薦情報以外からなかなか得られないという実情もあると思います。子どもたちでも様々な大学情報を比較検討できるような情報ツールを増やすことによって、受験生と大学のよりよいマッチングができるよう、我々大人が考えていかなければいけません。

プロフィール
しおの かつひこ　1976 年生まれ。厚木市ラグビーフットボール協会理事と一般社団法人日本教育基準協会事務局長を務める。2005 年より、ラグビー協会の理事活動を通じて、小学校の体育授業でタグラグビー指導を行い、子どもの教育についての活動を始める。また、ウェブデザイナーという本業を生かし、大学比較検索サイト「進学COM」の制作ディレクター兼運営責任者も務める。

スピーチ以降もGKBの活動に協力し、運営スタッフを務める。また、自身のデザインのノウハウと技術を教育関連事業に生かし、大学生向けの教科書を安価に提供する事業や、給付型奨学金の推奨事業、英語教育に関する事業なども主導する。デザイナーとしては、電通とISID（電通国際情報サービス）と三菱地所の3社協業事業の「FINOLAB」（http://finolab.jp/）のメインデザイナーをはじめ、Google Cloud Platform大手の「クラウドエース」（https://www.cloud-ace.jp/）や、TBSと吉積情報協業事業の「Cmosy」（http://cmosy.jp/）ロゴデザインなども手掛ける。

03 被災地で対話の場を拓く
～被災地における「哲学的対話実践」の可能性について～ ［西村高宏］

てつがくカフェ＠せんだい　西村高宏

　2011年3月11日、東日本大震災が発災しました。このたびの震災に限らず、当事者の視点からだけでは見えてこないもの、見えにくいものがあります。起きている出来事から少しばかり距離をとることでしか見えないことがあります。

　「てつがくカフェ＠せんだい」では、そこに哲学の現場性を見定め、（哲学的な）対話の場を被災地において粘り強く拓いていく作業を続けています。言ってみれば、それは、震災という出来事について深く考え、言葉によって、それをとらえ直そうとする試みです。

他者との対話を通してとらえ返す

　東日本大震災の発災後、被災地である仙台市などとも協力しながら、震災に関する哲学的対話実践「考えるテーブル てつがくカフェ」を開始しました。

　「震災の未曾有の被害を前に、哲学なんて何の役にも立たない。哲学で津波に流された人や家を失った被災者を救えるわけがない。そんな活動に意味はないから今すぐ止めてしまえ」。

　震災をテーマにした「てつがくカフェ」を開催しようとした時、一部の被災者の方からこのような批判を受けました。しかし、いざ活動を始めると、多くの市民（被災者）が「てつがくカフェ」に参加されました。

特に、震災1年目には毎回80名以上の参加者があり、参加人数は減っているものの、今もその熱量はつなげられ、粘り強い対話の場が拓かれ続けています。

　参加してくださった方々は、単に、「被災者」といった立ち位置に居座り続けて、この不便な状況の中を漠然と生きるのではなく、「震災という出来事を、幅広く、他者との対話の中でとらえ返す」という試み自体に、何かのきっかけを見出していたのだと思います。

　つまり、「被災者」（当事者）の視点からだけでは見えてこないもの、見えにくいものがある、と直感的に感じていたのではないでしょうか。震災以降、多くの人の死や別れを経験することによって、死生観も含め、これまで私達が安寧のうちに、ぬくぬくと育て上げてきた、愛や誠実さ、優しさや忠誠心、公平性などの様々な価値観の問い直しが迫られています。そのような現在の状況で、「てつがくカフェ」のような、他者との対話を通して自らの考えをたくましくしていく場こそが求められていたの

かもしれません。

震災はむしろこれから

　関東や関西にいると「東日本大震災はもう過去の出来事だ」と思うかもしれません。しかし、東北地方では、3年、4年と時が経つごとに新しい問題や課題が次々に生じてきて、むしろ「震災という出来事がいよいよ始まってきた」といった印象すらあります。

　当時の被災状況を簡単に振り返りましょう。

　2011年3月11日。モーメントマグニチュード9.0。宮城県では震度7という、これまでに経験したことのないほどの大きな地震でした。遡上高、港から上がっていく波の高さが40m近くまで上がったという報告もあり、1万6,000人近くの方が亡くなりました。行方不明者が2,609名。今でも宮城県の沿岸地域では、毎月11日には遺体の捜索を行っています。（警視庁緊急災害警備本部「広報資料 平成26年8月8日」）。

　しかし、本当に伝えたいのは、こういうことではありません。残念なことに、私たちは数字によってしか、この震災という出来事を言い表すことができません。この出来事が自分たちにとってどういったものなのか、いかなる意味を持つものなのか、伝える言葉をまるで持ちあわせていないかのようです。

　津波に飲まれ、多くの方が一気に亡くなってしまう、しかも自分の目の前で。亡くなった方々が波打ち際に浮いている―そういった状況を目の当たりにし、私たちはそれをどう自分の中に落とし込んでいったらいいのでしょうか。また、それを伝える言葉など、そもそもあり得るものなのでしょうか。

言葉の真空状態

　仙台市在住の作家である佐伯一麦さんは、言葉にほとんど手応えがない、目の前で起こっている出来事を言葉で言い当てられない現在のこの状況を、「言葉の真空状態」と表現しています。

　また、石巻市出身の作家、辺見庸さんは、「この状況を『悲しい』とか『つらい』とか、そんな気休めの言葉では、とうてい言い当てることなどできない。震災という出来事を前に、私たちはただ『茫然自失』するほかない」とすら、おっしゃっていました。破壊の規模が大きすぎて、そのダイナミズムを表す言葉を誰も持ち合わせていないことの寂しさ、それを数字でしか表現できないことの虚しさについて語っています。

　その一方で、「復興」「団結」「がんばれ」といった、スローガン的な大きな言葉遣いが、被災地の外側からどんどん入ってきます。しかし、被災地にいる人たちは、自分の家族のこと、今起こっていること、日々の食事をどうするかなどといった生活を語り、そういった自分の手に負えない大きな言葉遣いを自分の中にどう落とし込むのか戸惑っています。

　そのギャップを何とかして埋めたいと始めたのが、被災者の方々と対話を通して自分たちの手による言葉を紡ぎ出し、それを頼りに自分の考えをたくましくしていくという営み、すなわち「てつがくカフェ」です。

　そこには、「他者との丁寧な対話を通して、自分の内側から、たどたどしくであれ、こぼれ落ちてきた言葉遣いこそが、自分たちの、今の心のほころびを繕ってくれるものに他ならないのではないか」という淡い期待があります。哲学者の鷲田清一さんは、そういった心と言葉の関係を「心の繊維としての言葉」と言い換えられています。

　もし、人が言葉を持たなかったら、自分を襲っている感情が喜びなのか、悲しみなのか、恥ずかしさなのか、そういう区別がつきません。震災による喪失体験など、深刻な感情の揺れ動きは、人の言葉を使ってわかったような気分になるのではなく、自分の言葉によって、自分のスピー

ド感、自分のペースで語り直すことが重要なのです。

自分の言葉で語り直す場「てつがくカフェ」

　本当につらいとき、人は押し黙るものです。あるいは逆に振り切れて、そういった自分の状況を「サバイバーズ・ギルト」などといった、専門用語に置き換えることによって思考を停止させ、目の前のつらい状況をやり過ごそうとするのかもしれません。しかし、そういった付け焼き刃的な対応では、それらは、いずれ手に負えない結ぼれとなって、再び自分の深いところに生じてくるような気がしてなりません。

　だからこそ、それを乗り越えさせてくれるものは、やはり「自分の言葉に信頼を寄せて、それに丁寧に寄り添う」といった構え以外にはあり得ないように思うのです。未曾有の出来事を前に、それぞれの言葉を紡ぎ出すことは、相当、過酷な要請かもしれません。たどたどしい言葉遣い、言い澱み、声の震え…、そこには、その人なりの言葉の肌理があるように思います。そういう言葉遣い、息遣いを大切にしながら、自分の言葉で丁寧に語り出すこと、語り直すことが大事なのです。その言葉の在り方が、今の自分の気持ちや立ち位置、そして心持ちに「かたち」を与えてくれることは、すでに述べたとおりです。

　哲学とは、モノローグ（独り言）ではなくダイアローグ（対話）です。対話の中で、自分たちの考えの曖昧なところ、いい加減に使っている言葉遣いを丁寧に修正し合い、それをもとに自分の考えをたくましくしていく営みです。私たちは、「てつがくカフェ」を被災者が発災以降の自分という存在を語り直すための場として位置付けています。

言葉のメリット・デメリット

　言葉には良い面と悪い面があることに注意が必要です。先にも触れま

したが、被災者といった立ち位置にどっぷりと浸かってしまっていたのでは、震災という出来事から距離が近すぎて、目の前で起こっていることが見えにくいものです。言葉は震災という出来事からいったん自分を遠ざけてくれる、つまり、適度な距離感を与えてくれます。

しかし、その一方で、作家や知識人の気の利いた言葉遣いによって、自分のモヤモヤとした迷いが、その気の利いた言葉のニュアンスにすべて引きずられ、持って行かれてしまうという可能性もあります。これらのメリット・デメリットを敏感に感じながら、注意深く、言葉によって自分を語り直す必要があるのです。

津波で家屋を流され、家族を失い、自分の気持ちにまとまりつかないという方がいらっしゃいました。その方は、「人の話を聞いて、自分の感情を丁寧に述べることによって、自分の今の考えをゆっくりと吟味し、まとめていくことができるようになった」と話していました。それも震災後の一つの支援の形なのではないでしょうか。

支援とは何か

「支援とは何か」という問題は、被災地では早くからあったような気がします。実際に物資を届けたり、温かい食べ物を与えたりすることを支援だと考えがちです。そういった薄っぺらい支援観に支配されていたからこそ、アーティスト、役者さんや芸人さんたちも「自分は被災地では役に立たない」と考え、皆が皆、自分の専門性を捨て、瓦礫撤去の手伝いに行ったわけです。

しかし、実際に、成果が目に見えるものだけが支援なのでしょうか。本当はもっと広くて、余計なことで苦しんで負い目を感じている人々の苦しみの根っこを、粘り強くほぐしてあげることも大事なのではないでしょうか。哲学には、そういったことに寄り添い得る独特の支援のスピード感があるように思います。

「負い目」を問い直す

　福島県南相馬市では、200 人いた看護師が、自分の家族を助けるために病院を辞めて避難しました。看護師さんは目の前の患者さんと自分の家族、どちらを助けるかで悩みます。家族を取った場合、職場を放棄して患者さんを捨てたということに負い目を感じてしまいます。しかし、その負い目は、本当に看護師さんが感じなければならない負い目なのでしょうか。難しい問題です。このようなことも「てつがくカフェ」では自分たちの考えとして問い直していきました。

　このような形で、まだまだ仙台ではいろいろなことを行っています。ぜひ、ホームページなどを探って参加していただけたらと思います。

プロフィール

にしむら たかひろ　1969 年山口県生まれ。「てつがくカフェ＠せんだい」主宰。専門は臨床哲学。「対話」という営みを通して哲学的な知の社会的接続の可能性を問い直すことが主な研究テーマ。哲学以外の研究者や様々な職業従事者と連携し、医療や教育、科学技術、政治、アートなどのうちに潜む哲学的な諸問題を読み解く活動を行う。3.11 以降は、せんだいメディアテークと協力しながら、震災という出来事を「対話」という営みを通して自分たちの「ことば」で語り直すための場を拓いている。

震災に関連した「てつがくカフェ」だけでなく、医師や看護師など
といった医療専門職者たちとともに、医療とケアを問い直すための
哲学的対話実践の場を拓く活動（てつがくカフェ「医療とケアを問
い直す」）を行っている。

04 国立大学改革と広報　［川村 匡］

前・京都工芸繊維大学総務企画課長（現・文部科学省）　川村 匡

　京都工芸繊維大学は、1899年に開所した京都蚕業講習所、また1902年に開校した京都工芸高等学校という学校を前身とする国立の工科系単科大学です。入学定員が学部で約600名、大学院約400名という規模の大学です。

　今、国立大学には改革の波が押し寄せています。京都工芸繊維大学でも、様々な改革に取り組んでいますが、その改革の事例をご紹介します。

京都工芸繊維大学の様々な改革

　今後、18歳人口が減少していきます。このことに先取りして対応するため、京都工芸繊維大学では2014年度、2015年度と、学部の定員を減らします。一方、大学院の定員増加により大学院の機能強化を図ります。特に、入学定員に志願者が足りていないというような状況ではないのですが、体力のあるうちに学部の定員を減らし、大学院の定員を増加させることにより、理工系の大学としての研究力、教育力を高めていくという取り組みです。

　2点目は教授を中心とする教員組織のプロポーションを変える、という取り組みです。今、教授135名、准教授113名、助教52名という教員組織の割合ですが、これを10年間かけて1：1：1の割合に変えます。それによって、研究力の強化、チームで行う研究の大きさの広がりをさらに増していきます。

　3点目としては海外の一線級ユニットの誘致です。2014年度から文部

科学省の国立大学機能強化の予算をいただいて、ハーバード大学やチューリッヒ工科大学といった海外の一線級の大学から研究室をユニットで誘致するという取り組みを展開しています。本学の強みである建築・デザインの分野で開始しました。

国立大学はなぜ改革に取り組むのか

　国立大学はこういった改革になぜ取り組むのか。一言で申し上げると「国民の負託に応えるため」です。京都工芸繊維大学の収入構造ですが、運営費交付金が57％を占めていて、運営費の半分以上が国民の税金により賄われています。

　すなわち、たとえ学生募集がうまくいっていたとしても、国民から大学の存立意義について理解が得られなければ、その大学は縮小あるいは再編統合といった議論の俎上に上るということになります。そのために、国立大学は改革をして国民からの負託に応えるような活動をしていかなければなりません。

　また、粛々と改革を行い、その成果を出すだけではなく、同時にその

成果を発信することも必要です。

知名度の課題

京都工芸繊維大学には、もう一つ固有の課題、知名度の課題があります。京都には、京都市立芸術大学、京都造形芸術大学と、本学・京都工芸繊維大学に、非常に似たような名称の芸術系大学が並んでいます。

こうした状況の中で、京都工芸繊維大学が国立大学として認知度を高めるのは、なかなか難しい状況でした。

広報の取り組み

こうした知名度の問題、また負託に応えるという課題の下で、私が、2013年4月にこの大学に文部科学省から赴任し、行ってきた広報の取り組みをご紹介します。

まず、教科書どおりですが、いわゆる京都工芸繊維大学の広報戦略、コミュニケーション戦略を策定しました。

本学にはどういう広報資源があるのか、どういう広報ツールを使っていくべきなのか、訴求対象に対してどういうメッセージで訴えていくのか、また、それぞれのアプローチの方法はどういうことなのか、タイミングはどうなのか。それをまとめた戦略です。

その中で本学としては3つのことを重点的に取り組みました。一つは基本中の基本ですが、メディア戦略、パブリシティです。これまで、全国紙には京都工芸繊維大学という名前があまり登場していないという分析結果が出ました。これを何とかしたいと、本学の広報資源を束ね、メディアにアプローチをしました。

折しも、先ほど申し上げた海外一線級ユニット誘致の取り組みが記者に非常に関心を持っていただけ、学長のインタビューなどのかなり大き

な扱いも含め、1年間で、10回程度の記事掲載に至りました。

2点目は学生主体の広報チーム、K-NOSBY（ノスビー）です。このチームは2013年6月に結成しました。今日の京都会場を運営してくれているのも、このK-NOSBYです。最初に呼びかけたときは、現リーダーの魚谷くん1人しか集まらなくて、この先どうなるか非常に不安でしたが、徐々にメンバーが集まり始めて、今は学生と職員を合わせて20名程度で活動をしています。高校生向けのチラシを作ったり、フェイスブック、ツイッターなど、ソーシャルメディア等の素材の収集も行ったりしています。最近では、京都新聞の夕刊に学内の記事を執筆するという成果も生まれてきています。

それから3点目はソーシャルメディアです。2013年3月に、フェイスブック、ツイッター、LINE の3アカウントを同時に開設しました。フェイスブックは卒業生向け、ツイッターは学生向け、LINE は高校生向けとして情報発信を行っています。

特に、フェイスブックに力を入れていて、ほとんど毎日新しい情報を投稿しています。なぜ、毎日更新可能かというと、K-NOSBYのチームメンバーがフェイスブックにグループを作っていて、日々、学内の情報や京都の様子など、そうした写真を上げてくれるからです。それを広報担当職員がアップしていくという形です。告知ベースではなくて、なるべく親しみのわきやすい、京都の四季折々の様子や、学内の些細な出来事の発信をしています。

広報の成果

このような広報の成果として、私がうれしかったことが2つあります。

一つは卒業生からの反応です。本学の卒業生は非常に就職実績も良いので、良い企業に就職するのですが、就職先で、出身大学である京都工芸繊維大学を周りの人があまり知らないという現状があり、それに悩ん

でいるケースが多いようです。それが、このような様々な媒体を通じて母校の活躍の様子が伝えられて、とても勇気づけられたという声を聞きました。これは非常にうれしかったです。

もう一つは、学内が活気づいたということです。本学の取り組みが全国的に注目をされ、また様々なメディアで発信をされた、その結果として、学内の構成員の志気が高まっている、活性化しているという雰囲気をひしひしと感じます。これは広報冥利に尽きることだと思います。

広報の大切なキーワードは「企み」「熱意」「プライスレス」

1年間、広報を担当してきて、私が大切に思う広報のキーワードが三つあります。

1点目は「企み」です。淡々とルーティンを流すだけではなく、新しいメディアに挑戦していく、新しい素材を探していく、新しいメンバーを見つける、そういった企みを持って広報を展開することが大切ではないかと思います。2点目は「熱意」です。K-NOSBYのリーダーの魚谷くんは、毎週、K-NOSBYの会議を主催しています。非常に熱意があり、それにほだされて周りのメンバーも活発に活動をしています。1人の熱意がここまで人を動かすかということを、ここ1年で実感しました。最後の3点目は「プライスレス」です。実は、この京都工芸繊維大学の広報の取り組みは、予算措置、人的措置、ほとんどなしで、1年間やってきました。この「企み」と「熱意」をメンバーが共有をして、広報が大きく変わろうとしています。

これからも国立大学職員として広報に取り組みますが、今後はさらに、社会とのコミュニケーション、社会との良い関係づくりを目指して、教育、研究を展開していきたいと思います。

また、このプレゼン資料を作りながら気がついたのですが、「企み」「熱意」「プライスレス」というキーワードは、このGKBの活動にも通じる

ところがあるのではないかと思います。

プロフィール

かわむら ただし　1978年、高知県生まれ。2003年、文部科学省入省。高等教育局、初等中等教育局、生涯学習政策局を経て、2011年から大臣官房総務課広報室に在籍。広報室時代には、国公私立大学の広報担当者による「大学広報ネットワーク」を立ち上げ、フォーラムを開催するなど、大学広報関係の業務に従事。2013年4月から2015年11月まで京都工芸繊維大学に出向し、総務企画課長として大学COC事業やグローバル事業に携わる。

Speaker's Now

文部科学省高等教育局学生・留学生課にて、給付型奨学金の創設や無利子奨学金の拡充などの奨学金関係の政策立案に従事しています。

05 世界大学ランキングについて
（世界の中の日本の大学）　［葭森祐義］

QS-ASIA Singapore Pte Ltd Marketing Manager 日本担当　葭森祐義

　私には2人の娘と1人の息子がいます。長女は私立の看護大学、次女は公立大学の経済学部、そして長男は高校2年生です。何が言いたいのかというと、年間230万円ほど学費を大学に納めています。これが車なら、4年間払うとなると800万円の車が買えます。もし、800万円の車を買うとしたならば、ディーラーさんが毎年来ては「いかがですか。次はどんな車を買いますか」と言ってくるかと思うのですが、大学は何も言ってこない。このことを非常に不満に思っているところです。もう少し、保護者というものを大事にしてもらいたいと思います。

出過ぎた杭は打たれる？

　風土の違いということで話をすると、日本ではよく「出る杭は打たれる」と言われます。松下幸之助さんは「出過ぎた杭は打たれない」とおっしゃっていたという話を聞いたことがあるかと思いますが、日本企業は画一化ということを非常に重要視するので、できるだけ突出した人がいないようにします。

　ところが、外国の企業の場合、杭が出ていないと許してもらえません。目立つところがなかったら「オマエ、イラナイ」と言われます。

　日本企業は農耕民族的であるといえます。祖国にとどまり、深く、深く掘り下げて、そこで研究を続けます。それに対して外国企業は、日本の市場を食い荒らし、次の場所へと移動する狩猟民族的といえるのでは

ないでしょうか

日本の大学の知名度は？

　パナソニック、トヨタ、ユニクロ、キヤノン…、これらの日本企業は、海外の一般の方々でもほとんど名前を知っています。東南アジアから来ている方々は、多くが首からキヤノンのカメラをぶら下げています。

　ところが、日本の大学の名前というと、東京大学、京都大学、神戸大学、広島大学…、このあたりしか出てきません。しかも、東京、京都、神戸、広島は地名が有名なので、そこにある大学ということで名前が出てくるだけです。

　安倍首相は3年前に「2020年までに世界のQS世界大学ランキング100位以内に日本の大学10校入れる」と言ったのですが、残念ながら日本の大学はここ数年、順位が落ちてきています。逆に、中国や韓国などの大学がどんどんグローバル化を進め、日本が海外に向けてあまり広報活動をしない間に、どんどん抜き去っているというのが現状です。

世界に負けない教育を

　保護者の立場として言いますと、最近は大学の国際化ということで、大学でもいろいろ試行錯誤していますが、外資系の企業は厳しいところなので、そういう社会の中で生き抜くための教育をしてほしいと思っています。テストの点数や英語で授業するというのも大事ですが、そういう心構えを教えていただきたい。

　また、日本の大学は海外の大学と比較して、海外のメディアに取り上げられる機会が非常に少ないと思います。有名な大学でなくても、各大学にはそれぞれ一芸に秀でたところがあるはずなので、そういうところを広げていってほしいと思います。

　日本の大学の国際的なランキングは、多くのノーベル賞受賞者を出しているにもかかわらず、中国、シンガポールの大学に追い上げられ、追い抜かされている状況にあります。大学ランキングには、国際性といった観点から評価される指標もあります。一方の視点で、国際的なランキングを考慮するにあたって、海外に向けた大学ブランディングの強化を図っていく必要もかなりあると思われます。日本国内の受験生に対する大学のブランディングのみならず、海外でのPR、広告媒体に対する強化も検討に入れてみてはいかがでしょうか。

　以上、大学にたくさんお金を払っているという立場から話をさせていただきました。

プロフィール

よしもり ひろよし　2010年より世界大学ランキングを出しているQS－ASIA Singaporeの日本の大学へのマーケティングを担当。日本の大学の国際的な地位（ランキング）を上げるために、各種セミナーなどを企画・実施中。

Speaker's Now

日本の大学ランキング向上のために、大学を飛び回っています。現在、私一人でマーケティングを担当している関係で、なかなかお伺いできていない大学もありますが、逆にお声掛けいただけると助かります。

06 ググったらそこに授業のある社会
［杉山一希］

特定非営利活動法人manavee 理事　杉山一希

　私は今、京都大学の3回生です（2014年現在）。夏休みに開催された京都大学のオープンキャンパスでは、在学生による高校生の相談を受けるコーナーを担当しました。そこで巡り会った女の子のストーリーを交えながら、私が開発に携わっているmanavee（マナビー）の仕組みについてお話しします。

京都大学に入るにはどうしたらいいですか？

　私の担当していた相談コーナーに、ある娘さんとお母さんが来た時のことです。2人は淡路島の南の方から来たと言っていました。その子は開口一番、私に向かって「京都大学に入るにはどうしたらいいですか？」と聞きました。私はとても驚きました。相談コーナーに来る人は、京都大学の入学試験などについてある程度の情報を持っていて、「どんな対策をしたらいいか」「進路はどういう感じなのか」と、かなり具体的な質問をしてくるのが一般的です。しかし、その子の質問はあまりにも漠然としていました。

　お母さんに詳しく話を聞くと、コンビニに行くにも自転車を使わなければいけないような田舎に住んでいると言っていました。家族は農業を営み、娘さんは公立高校に通っていて、収入はあまり安定していないようでした。娘さんの成績は良く、学校の先生に「京大に行けるのではないか」と言われながらも、「地元には予備校もないし、どんな勉強をした

らいいのかわからない」ということでした。

　話を聞いて、私は思いました。日本の大学受験において、入学試験は誰もが同じ試験を受けるという点では平等に見えるけれども、本当に平等なのかと。経済的、地域的な格差の問題により、塾や予備校に行けないという教育の機会格差が生じているのではないでしょうか。

無料で受験勉強ができる場所manavee

　そういった問題意識から、3年前にmanaveeという仕組みが作られました。manaveeというのは、ウェブ上で誰でも無料で受験勉強ができる場所です。現在（2014年）、大学受験に向けた授業の映像を約9,000本、無料で公開し、月間約70万のPVをいただいています。

　授業画面はYouTubeの動画を流す「埋め込み型」になっていて、そこで映像を見ながら授業を受けることができます。manavee自体がバーチャルな教室で、生徒同士が互いにコメントし合ったり、自分で勉強の進捗状況の管理をしたりできるようになっています。

　manaveeで教えている先生はすべてボランティアです。北は北海道、南は九州まで、全国の大学生により成り立っていますが、中には社会人の方もいます。顔がバレないように覆面をかぶって授業をする医師や、超多忙な看護師、研究者や現役の教員、予備校講師など、多種多様な先生が授業を配信しています。

ボランティアの継続性

　manaveeで授業を配信している先生方は、無償で協力していただいていますが、ボランティアを継続するモチベーションはどこから来ているのでしょうか。

　manaveeでは、バーチャルな教室において生徒と会話をしたり、質問

に答えたり、生徒と直接交流することができます。また、先生同士の交流もあり、私の担当する数学についても、先生同士のコミュニティがあります。

　また、manaveeの特徴の一つは、先生として成長できる場所が用意されていることです。先生はmanaveeで授業を配信する前に授業計画を立て、動画をアップします。一般的な教育実習と同じで、アップされた授業の動画を先生同士でシェアし、「ここ、変えたほうがいいんじゃない？」「ちょっと早口だから直したほうがいいよ」など、互いの授業について評価し合います。さらに直接的な評価として、生徒からのフィードバックがあります。授業動画はYouTubeですべて公開しているので、動画のどの時点で一時停止されたか、どこで「つまんねえな」とウィンドウを閉じられたか、すべて統計的に処理してデータで見えるようになっています。これらのフィードバックから授業計画を改善することができます。PDCAサイクルを回すことによって、先生として成長していくことができ、モチベーションの維持にもつながっていると私は考えます。

子どもにとっての「いい授業」とは

　もう一点、授業のクオリティに関して「安かろう、悪かろう」とよくいわれます。そこで、「いい授業とは何だろう」ということを考えました。信頼と実績のある授業が本当により良い授業なのでしょうか。

　実際に生徒さんに「自分にとっていい授業とは何ですか？」とヒアリングをしたことがあります。「雑談をしてくれる授業がいい」「どや顔で授業をする先生は嫌」「ショートカットの先生がいい」「鼻息が気持ち悪い」「ツンデレ眼鏡の先生が好き」など、意見は生徒によって様々でした。

　そこで、私たちは考えました。大学受験には、塾や予備校費用など、お金がかかります。そして、その費用は親が出すのが一般的です。すると「信頼、実績のある授業」というのは、親の価値基準から来るレッテルなのではないでしょうか。塾・予備校は企業であり、広告の対象は当然、費用を出す親になるはずです。しかし、実際に受験勉強をする生徒にとっての「いい授業」とは様々で、生徒の好みによります。つまり、子どもたちにとっての「いい授業」とは、自分の好きな先生による授業なのではないでしょうか。

　そこで、manaveeでは、300人以上いる先生の中から好みの先生を探

してもらえるように、「熱血教師」「癒やし系」「スパルタ」「オネエ系」など、先生一人ひとりにタグを付けているのです。

manaveeの目指すところ

manaveeは「無料である」ということにこだわっています。費用がかかると、生徒がmanaveeを利用するハードルが上がってしまうからです。オープンであることの前提条件は「無料である」と私は考えます。私たちが目指すのは、「ググったらそこに授業のある社会」です。Googleで検索したら受けたい授業が見つかる、誰でも勉強ができる社会、というのが私たちの思う理想の社会です。実際、Googleで検索をすると、検索結果に表示され、manaveeを通さずにYou Tubeで見ることのできる授業動画もあります。

最後に、千葉県に住む、ある高校生の話を紹介します。彼はmanaveeを通して受験勉強をしてくれた高校生の一人でした。manaveeが主催するオフラインの勉強会にも積極的に参加してくれていました。彼は惜しくも第1志望校には落ちてしまいましたが、その次に志望していた大学に合格しました。間もなく彼は「お世話になったmanaveeに恩返ししたいから、自分も先生になりたい」との連絡をくれ、今では先生の一人として授業を生徒に届けています。生徒が合格して先生になり、そして自分のノウハウを後輩に伝えるという継続性がmanaveeの強みの一つです。

今は大学入試に関する取り組みを主に行っているmanaveeですが、高卒認定試験やAO入試、また高校入試や外国語試験など、日本の教育に関して多岐にわたるプロジェクトを進めています。ここで私が取り組んでいるのは、社会の新しい仕組み作りです。このような取り組みに興味

のある方は、直接ご連絡をいただけると幸いです。

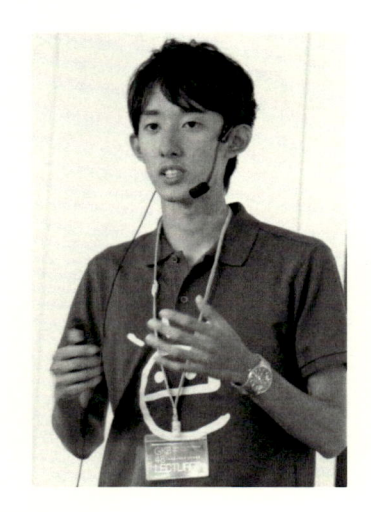

プロフィール

すぎやま かずき　1993年千葉県浦安市生まれ。京都大学理学部数学系3回生。特定非営利活動法人manavee（マナビー）理事、及び数学講師。日本の教育における機会格差の是正に向けて活動する。同法人では企画・広報に携わりながらシステムの開発保守を行う。数学講師としての公開授業動画は300本以上。

Speaker's Now

休学して動画配信活動を続ける傍ら、新たなシステムコンサルティング事業を立ち上げ、教育システムの開発・導入支援に携わっています。他にプログラミング教育推進のための仕組みづくりを進行中。京都にてシェアハウスも運営しています。

07 小中高の現場からたどり着いた、幼児教育でのICT活用 ［田中康平］

株式会社NEL&M　代表取締役　田中康平

　小・中・高校におけるICT教育で一番熱い地域といわれる佐賀県で、これまで、学校におけるICT機器やシステムの提案、導入、活用サポートなどに数多く関わってきました。その中で、多くの課題も見つかりました。それらの課題解決を目的に、2013年10月に勤めていた会社を辞め、翌11月に自分の会社を立ち上げました。

　今は、幼児教育の中でICTをどう使うかという部分に力を入れています。なぜ、そこに至ったのかについて、お話しさせていただきます。

ICTを導入したからといって、魔法はかけられない

　とある小学校で見た授業で、子どもたちの目の前に1人1台のタブレット型端末がありました。机をくっつけ合ったグループ学習で、「話し合いましょう」という場面。子どもたちは目の前の端末の画面に意識が行きがちになります。先生がしっかりファシリテーションしなければ、議論の活性化が難しい様子を目にしてきました。中学校でも同様でした。

　「話し合いましょう」と、小さい頃からゲーム機に慣れ親しんだ子供たちにそう投げかけても、タブレット端末が目の前にあると、どうしても意識はそちらに向かってしまいます。

　佐賀県の県立高校は、2015年から、すべての新入生が学習者用パソコンを購入して学校に来ています。1人1台の環境が授業を変えるのでしょ

うか。

これらを見てきて考えたのは、「one to one の情報端末が授業や学びを変えるわけではない」ということです。

その要因として、まず、子どもたち自身にタブレット型端末や学習者用パソコンなどの「情報端末」を使いながら人と対話する、考えを伝え合うという習慣が身に付いていない、ということが考えられます。

また、現在の日本の学校教育には学習指導要領が存在し、それを踏まえた教科書によって進められます。もともと紙の教科書とノートを想定して考えられた学習に、新しいツールとしてICTを持ち込むというのは相当難しいことです。学習指導要領や教科書は、1人1台の端末を活用することを前提には構成されていないからです。

新しい道具や教材の活用は、先生の授業力に左右されることが多いと考えています。個人的な力量に左右されると、なかなか一般化や、普及・定着が難しいでしょう。さらに、家でパソコンを使っている子、ゲームのみの子、何も触れていない子など、子どものICTリテラシーもバラバラです。

現在の学習指導要領になってから授業時間数は増えています。教える内容も増えています。学校では、子どもたちに端末の操作やファイルの保存など、基本的なところを教える時間の確保が難しいというのが現状です。

小1プロブレム、中1ギャップ、授業時数の増加、○○教育の増加と対応、受験対応、部活指導、様々な調査と回答…、パッと思い浮かぶだけでも、今の学校には新たな対応が迫られ、多くの課題が発生していることが想像できます。しかも、それらは足し算でドンドン入ってきます。誰も引き算はしてくれません。このような中で、タブレット型端末など新しい道具を導入しても、教師が「どう活用するの？必要なの？」と考えてしまうのは無理もありません。

子どもたちの将来を見据え、幼児期からのICT活用をサポート

　小・中・高といった学校の現状はそうでも、「子どもたちの未来」という視点から見ると、ICTを活用することは必要だと私自身は考えています。もつれた糸が複雑に絡み合っているような状況に見えますが、それを紐解いていった先でたどり着いたのが、就学前の幼児教育でした。

　子どもたちがゲーム機やスマホなどのICT機器に触れ始めるころからの適切なサポートが必要ではないか。幼児教育の中でICTを活用することに課題解決の糸口を見いだしたのです。とはいえ、幼児期からのICT活用をサポートしている前例がほとんど見当たらず、その方法をゼロから自分たちで考えなければなりませんでした。

　実践内容を考える中で、よりどころとしたのは「キー・コンピテンシー」という考え方でした。「自律的に活動するチカラ」「ツールを相互作用的に活用するチカラ」「人間関係を形成するチカラ」の3つのチカラから構成されている能力概念です。2000年の初めにOECD（経済協力開発機構）で検討され、定義されました。諸外国では、キー・コンピテンシーを「就学前」「小・中・高」「大学」という発達段階に応じて分解し、育成に取

り組んでいる例がありました。それを参考とし、幼児期のICT活用のサポートを通して、「探求、コミュニケーション、貢献、所属感」といったものを育み、高めながら、時代に応じた道具としてICTを活用する活動をデザインしていきました。

2014年5月から、佐賀市の高岸幼稚園を舞台に「ICTタイム」をスタートさせました。グループ活動の中で、「協力する、貢献する、お互いを認め合う関係をつくる」という目標を掲げ、そのための年間カリキュラムと毎回の指導計画を作成しました。

まつ・みる・おうえんする

幼児期の子供達にポンとiPadを渡すと、興味・関心が高まりすぎて、やりたいことができなくなる場合があります。中には、執着して手放せなくなる子もいます。自分でコントロールするのは難しいことです。大人ですら上手くコントロールできていないかもしれません。

ICTタイムでは、毎回、絵本の読み聞かせからスタートします。子どもたちは絵本が大好きです。静かに集中して聴いてくれます。iPadは全員で1台。その画面は大きなスクリーンに映っていて、クラスのみんなで見ることができます。

子どもたちには3つの約束があります。「まつ」「みる」「おうえんする」です。自分の順番が来るまで待ち、その間に友達の様子を見て学びます。

なかなかうまくいかない子がいると、「頑張れ」と声を掛けて応援します。この声がやがて、「右」「左」「上の真ん中」と、具体的な言葉に変わっていきます。自分たちの活動を振り返ることもありました。これまでの活動でどういう場面があったか、何を作ったか、何ができるようになったか。子どもたちはしっかり見て振り返っていきます。動画や写真を残し、自分たちを客観的に振り返ることが容易にできるのは、ICTの良い部分だと思います。

専門家として教師と園児をサポートする

このような取り組みを、いきなり幼稚園の先生に「やりましょう」と言っても、なかなか難しいものです。私は、教育情報化コーディネーターという資格を持っていて、教育現場にICTを導入することの専門家です。もう一人のインストラクターは、学校でICTの活用を支援する「ICT支援員」の能力認定を受けた、ICT活用支援の専門家です。こうした専門家のサポートがあれば、先生は子どもたち1人1人の変化をしっかり「みとる」ことができます。

授業が終わると、我々と先生とで気づいたところを話し合い、改善点を共有し、次の活動へとつなげていきます。子どもたちは吸収がとても早く、素直な反応を返してくれます。誤った方向へ進まないように慎重に取り組んでいます。

幼児が協働的に育ち、学び合う

ここに折り紙を折っている写真があります。3人に1台のiPadを渡し、折り紙アプリを起動します。3人で「何の折り紙を折ろうか」と話し合い、協力して折っています。幼児の発達段階には個人差があります。折るスピードには、速い遅いがあります。折り方が上手な子もいれば、そうではない子もいます。子どもたちは3人で歩調を合わせ、うまい子がサポートしたり、早い子が待ってくれたり、協力しながら折り進めていきました。大人が何も言わなくてもそういうことができる能力を持っているのです。

3人で1台のiPadを使って、オリジナルの絵本を創る活動も行っています。「まつ・みる・おうえんする」を基本としながら、それぞれの表現の違いを楽しんだり、面白い作品を真似して改良したり、個性豊かな作品を生み出しています。

民間によるICT・情報活用力の育成

　小学校では、そのようなことはできにくくなります。今の学校教育では、こうした活動に時間を割くことが難しいからです。そのため、民間のICTスクールを運営し、ICTや情報活用力を育てています。

　情報モラルの指導も行います。カルタ教材を取り入れるなど、デジタルだけにこだわらず、アナログも織り交ぜながら活動しています。

　タイピングの練習も、学校で教えるには十分な時間が取りがたい部分です。それを民間で行っています。基礎をしっかり身に付けてもらい、想像力や表現力、そして未来社会を生きる上で必要な情報活用能力の育成につなげていきたいと思っています。

子供たちは、どういう社会を生きていくのか

　10年、20年先のことを考えました。人口減少、少子化…。この時代の「生きるチカラ」とは、どういうものでしょうか。

消滅地方都市という言葉をご存じでしょうか。人口移動や少子化で維持できなくなる地方都市のことだそうです。ある報告書によると、佐賀県にある20の自治体のうち、やがて8つがなくなるといわれています。少子化対策だけでは絶対に回避できないだろうと思っています。そうなると、また合併するか、地域を広域化するかなどが起きるかもしれません。学校も統廃合しなければ維持できなくなるはずで、すでに統廃合が進んでいる地域も存在します。地方には今すでに仕事がないのです。やりたい仕事を求めて都会に行くしかないため、地方からどんどん人がいなくなっていく。そういうことがさらに進むと予想されます。

ICTは「生きる力」を広げるツール

　私自身は佐賀県に住み、佐賀県を拠点に様々な場所で仕事をしています。これはICTの力があってこそだと思っています。しっかり働いて、家庭を築き、税金を納め社会を支えるという、本当に昔から当たり前に続けられてきたことを維持するために、子どもたちにはICTを味方につけてほしいと思っています。その基礎は幼児期にあるのではないでしょうか。ゲーム機だけではなくスマホやタブレットなどを小さい子に与えることの問題が生じ始めています。与え方、伸ばし方というのは慎重に考えていきたいと思っています。

　ICTは絶対に「生きる力」を広げてくれるツールだと思っています。これからも、子どもたちの未来のために活動していきます。

※参考文献
「キー・コンピテンシーの生涯学習政策指標としての活用可能性に関する調査研究」国立教育政策研究所
「社会の変化に対応する資質や能力を育成する教育課程編成の基本原理」国立教育政策研究所

「コンピテンシー教育課程改革の事例」国立教育政策研究所

プロフィール

たなか こうへい　教育ICT系販社に12年間在籍し、2013年11月に起業。小中高の教育ICT環境デザイン、ICT支援員等の人財育成、ICT関連の教員研修を中心に活動している。2014年5月から、幼稚園でのICT活用インストラクション事業とICTスクールNELの運営をスタートさせた。ITCE教育情報化コーディネーター2級。九州ICT教育支援協議会 会長。佐賀県ICT利活用教育推進に関する事業改善検討委員。

Speaker's Now

　幼稚園・保育園でのICTタイムの取り組みは、複数の園で採用されるなど広がりを見せている。ICTスクールも佐賀本校に続き名古屋校が開校し、幼児から小学校段階の子どもたちの情報活用能力育成に力を注いでいる。

　また、ICT環境整備後の教員研修や文部科学省実証事業研究に関わるなど、教育現場のより良いICT活用の促進のために幅広く活動している。著書に『すすめよう！学校のICT活用　わかる・なれるICT支援員』（日本標準2016年発行）。

08 全日型通信制高校の挑戦　［今窪一太］

クラーク記念国際高等学校　さいたまキャンパス長　今窪一太

　クラーク記念国際高等学校は、36都道府県に61キャンパス、海外ではオーストラリアにキャンパスを持っています。学校法人創志学園としては、幼児教育から4年制大学、そして海外はニュージーランドに大学があり、環太平洋を一つに結んで教育活動を行うという目的を持っています。

校長は三浦雄一郎

　クラーク記念国際高等学校の校長は、2013年5月に世界最高齢80歳でエベレストに登った三浦雄一郎です。三浦は校長室にいない校長といわれています。

　普段は重りをつけて歩いています。三浦の次なる目標は、85歳で世界で6番目に高い山からスキーで滑ることです。8,000m級の山に登ると、年齢の2倍の負荷がかかっているといわれますから、160歳の人間が山に登るということになります。それほど強靱な肉体の持ち主です。

　本校には個性的な生徒が多く、我々はユニークな教育を行い、ニーズに応えていきたいと思っています。今日は生徒を1人連れてきました。実は入学してくる生徒の約半数は、中学校時代に不登校を経験しています。そういった生徒が本校の教育を通じてどのように進化していくのか、披露させていただきたいと思います。

　紹介します。3年生の丸山倫さんです。

中学時代の体験談：丸山倫

　皆さん、こんにちは。クラーク記念国際高校さいたまキャンパス3年の丸山倫と申します。私は今から中学校時代の自分についてお話をしたいと思います。

　私は中学生の時には、人一倍、人見知りが激しくて、誰にも話しかけることができない、そんな内気な性格の生徒でした。ちょうど今とは正反対の性格で、中学校時代の自分なら、この場に立ってスピーチをするなんて、とても考えられないことだったと思います。

　中学に入学後、私は人見知りが激しくて誰にも声をかけられなかったので、仲良しのグループが出来始めてくると、私はその中に入れずに、結局、不登校になってしまいました。私が学校に通えたのは、1カ月間という本当に短い期間でした。中学生活が3年間ある中で、たった1カ月間しか通うことができなかったのです。

　しかし、私は対人関係で悩んでいたせいもあって、中学校に行かないのはイコール人と関わらないということなので、実はある意味、とても解放感を持って家に居たのです。

　ところが、それと同時に、極端に人との関わりが少なくなってしまって、家族以外の誰とも本当に話すことがなくなってしまいました。母はそんな私を見ても、何も言いませんでした。学校に行けとも言いませんでした。しかし、私のことについて、夜中、父親といろいろと話しているのを聞いたりもしたので、母なりにすごく悩んでいるということは認識していました。

　私はそんな自分がすごく情けなくなり、一時は本当に「なんで生きているんだろう」と考えたりもしました。そんな状況の中、クラーク記念国際高校との出合いが私を大きく変えてくれました。

「全日型」カリキュラムのメリット

　事前に、高校の宣伝をするように打ち合わせをしたわけではないのですが、本当に丸山さんの言うとおりだと思います。今日のテーマは「全日型通信制高校の挑戦」です。本校は「全日制」ではなく「全日型」です。通信制高校というのは、文科省の規定は全日制に比べてカリキュラムの自由な編成が可能であるというメリットがあります。それを生かして、丸山さんが高校時代の3年間でどう変化していったのかということを、これから少しお話ししたいと思います。

　丸山さんは、勉強は本当にまったくできませんでした。中学校に1カ月しか行っていなかったので当たり前です。クラーク記念国際高校では、高校2年次から（現在は1年次から）専攻に分かれるのですが、丸山さんはインターナショナル専攻を選びました。週に8時間、インターナショナル専攻の分として英語の授業を受け、なおかつ通常の英語の授業が週に4時間あります。さらに、金曜日に3時間「ゼミ」という時間がありますが、これも英語の授業を受けていました。そして、放課後にPower up Englishという、さらに語学力を上げるための授業を受けていて、相当、英語漬けのカリキュラムを組んでいたということになります。こうした極端なカリキュラムを組めることが、全日型の通信制高校のメリットです。

　クラーク記念国際高校はオーストラリアにキャンパスを持ち、留学の制度がありますが、通信制高校なので、休学をせずに留学できるというメリットがあります。最長28カ月間連続でオーストラリアに行っても、休学をする必要がありません。丸山さんはオーストラリアで4週間の海外体験をしてきました。英語漬けの日々の授業、プラス4週間のオーストラリア留学を経て、丸山さんは大きな自信をつけたとともに、語学力も劇的に上がりました。

　今日はもう一人、本校の英語の講師、ベンジャミン先生を連れてきま

したので、この2人の掛け合いをお聞きください。

Benjamin：Good afternoon, everyone. Nice to meet you. My name is Ben. I come from England. I'm going to ask Rin-chan two questions about the international course at Clark Memorial International High School. Are you ready?

Rin：Yes, ok.

Benjamin：So, why did you choose the international course?

Rin：Because I'd like to visit many foreign countries in the future, and to learn about different lifestyles and the ways of thinking, so that's why I chose the international course.

Benjamin：Thank you very much. And question number two. How has the international course helped you to improve your English skills?

Rin：Firstly, I'm going to talk about reading. In the international course, I read a lot of texts. At first it was hard for me to read a lot of sentences. But my English teacher, Ben is always kind. So when I can't understand some words or phrases, I ask him to help. After school, I read an English newspaper once a week and write a diary every night at my house. In this way, my English reading skill has improved.

Secondly, I'm going to talk about listening. My English teacher, Ben's from England, so his English pronunciation is really good. I listen to his English every lessons, so my English listening skill has improved.

Finally, I'm going to talk about speaking. This is important for me because I'm really shy. The international course has an English drama lesson every Thursday. This lesson is really useful because the story, the character's name, the character's lines and actions are written in English. So I must think about the story in English. For example, how do we act each character, and how do we feel each character.

Benjamin：Ok, Rin. Thank you very much. Big hand, please!!

ベンジャミン：みなさん、こんにちは。はじめまして、私はベンと言います。イギリス出身です。 これから倫ちゃんにクラーク記念国際高校、インターナショナル専攻について二つ質問をします。用意は良いかな？

倫：大丈夫です。

ベンジャミン：まず、倫ちゃんは、なぜインターナショナル専攻を選択したのですか？

倫：そうですね、私は将来、多くの国を訪問してみたいのです。そして、日本とは違う生活様式や考え方を学びたくてインターナショナル専攻を選びました。

ベンジャミン：どうもありがとう。それでは次の質問を。インターナショナル専攻に入った事は、あなたが英語のスキルを向上させるのにどのように役立ちましたか？

倫：まず「リーディング」についてお話しします。インターナショナル専攻では、文章をたくさん読みます。 最初はたくさんの文章を読むことがたいへんだったのですが、私の英語の先生ベンはいつでも優しいので、単語やフレーズがわからない時には、先生に手伝ってもらっています。

　放課後には、週に一度英語の新聞を読み、家では、毎晩日記をつけています。このようにして、私は読む能力を伸ばすことができました。

　次に「リスニング」についてお話します。私の英語の先生、ベンはイギリス出身で、とてもきれいな発音です。私は授業の中で先生の英語を毎日聞いているので、リスニング力を伸ばすことができました。

　最後に「スピーキング」について話します。私はものすごく恥ずかしがりやなので、スピーキング練習は重要です。インターナショナル専攻では、毎週木曜日に英語劇の授業があり、この授業がとても役立ちます。なぜなら、ストーリー、登場人物の名前、登場人物のせりふや動きなど、すべて英語で書かれているので、例えば、登場人物をどのように捉え、

どのように演じたら良いのか等、すべて英語で思考しなければいけないからです。

ベンジャミン：倫、よくわかりました。どうもありがとう。皆さん、大きな拍手をお願いします。

新たな夢に向かって再び挑戦が始まる！

どうですか、皆さん。中学校にほとんど行っていなかったようには見えないでしょう。3年間でこれだけ成長できるのです。通信制高校ではあるけれども、毎日登校しながら、そのメリットを最大限に生かせているのではないかと思っています。

本校は「夢・挑戦・達成」というのが一つのキーワードになっているので、丸山さんの今後の夢について、日本語で聞いてみたいと思います。

今窪：丸山さん、この先、どのような人生を歩んでいきたいですか。

丸山：私は、クラーク記念国際高校卒業後に、ニュージーランドにある国際大学IPU NZという大学に進学することを希望しています。IPU NZ

では、様々な文化の違いや考え方の違いなどを勉強し、その大学の卒業後は、ご存じの方もいるかと思いますが、NGOをサポートするJANICという場で働きたいと思っています。貧困や教育が行きわたっていない子どもたちの支援などを通じ、様々な国際問題に携わって活動の幅を広げていきたいと思っています。

プロフィール

いまくぼ かずた　1971年、千葉県生まれ。2002年クラーク記念国際高等学校さいたまキャンパスに着任。2013年よりキャンパス長に就任。大学卒業後、塾や中学校、通信制サポート校など一貫して教育業界に身を置いているが、子どもたちを取り巻く環境は大きく変化している。私たち自身が変化を敏感にとらえ、ニーズに応えていく必要性を痛感している。これからも柔軟性を持って、新たな教育にチャレンジし続けたいと考えている。

Speaker's Now

　2014年のカンファレンスに参加したことがきっかけで、参加者の方々と新たなつながりができ、地方創生をテーマにしたボランティアチーム「おおみやもりあげ隊」が地域を活性化させています。クラーク記念国際高等学校さいたまキャンパスは「グローバル」と「グ

ローカル」を実践するキャンパスへと変貌を遂げました。

　ベンジャミン先生は、現在、埼玉県内の大学で留学生のサポートや広報の仕事をして、世界に活躍の場を広げています。

　丸山さんは、ニュージーランドにある国際大学IPU NZに通っています。TOEICは入学時の点数から200点以上伸びました。最近、ホームステイを約3カ月間体験。放課後は日本人以外の友達と過ごすことが多くなり、日本語を教えたり、友達の国の言葉を教えてもらったりと、楽しい日々を送っています。

09 耳と声を使う国際コミュニケーション 教育　[今井宏美]

NPO法人IMAI研究所 代表　今井宏美

　私は横浜で英会話教室を運営しています。不思議なのは、TOEICのスコアがほぼ満点の方や、海外赴任10年以上の経験がある方まで、まだまだ英語学習を続けているということです。話せないわけではないのですが、何か不都合を感じているのでしょう。

　国際コミュニケーションのための英語学習法にフォーカスをして、お話をしたいと思います。

聴覚教育からコミュニケーションの教育へ

　私が出合ったのは、フランスの耳鼻咽喉科医であるアルフレッド・トマティス博士が研究開発した、トマティス・メソッドというものです。早速、トマティスコンサルタントという資格を取りました。英会話教室をオープンして19年経ちますが、英語だけではなく、発達障害のお子さんや、精神的な問題でコミュニケーションがうまく取れなくなってしまった方などへの聴覚教育をたくさん経験しました。

　やがて、コミュニケーションと、人間の体の耳と声の部分、そして回路の使い方を、より研究することになり、3年前にNPO法人IMAI研究所を立ち上げました。IMAIメソッドを創り、コミュニケーションの教育に乗り出しています。

「聞く」を「聴き取る」に変える

　人間は、「聴こえる音しか再生できない」という聴覚理論から、聴き取っている音を再生するように出来ています。つまり、聴き取りたいことにフォーカスするために耳の筋肉を使い、話す時には横隔膜や舌、顔面神経等の筋肉を使って、聴こえる音を再生するのです。このように、耳と声をうまく使ってコミュニケーションを取っているので、国際コミュニケーションを取るためには、英語のリズムや音の高低、流れ等の英語プロソディーを整え、「聞く」を「聴き取る」に変え、「話す」を「伝える」に変える意識を持つことが大切なのです。

　「英語をキャッチできない。だから、英語がしゃべれません」と、教室を訪れる方がたくさんいます。「速すぎて、ついていけないんです」「そもそも、単語がわかりません」「緊張してしまって、『英語』と聞くだけで全然わからなくなってしまうんです」「特に、電話がダメです」という声をたくさんいただきました。

　これは、当然です。私たち人間は、お母さんのお腹の中にいた胎児の時の環境、誕生した土地や言語の環境に合わせて耳を作ります。見た目は同じ耳ですが、耳小骨の動き方は胎児の時から違います。誕生してからも、どんな音響のインピーダンス（電気抵抗の値）、土地の音の環境に、鼓膜が合わせていくかによっても変わってきます。そうやって、日本人は日本人の、アメリカ人はアメリカ人の言語特有の耳を作っているのです。

　では、日本で生まれ育った私たちが、どうしたら、英語プロソディーを整えて、英語を使える耳を使うことができるのでしょうか。その辺に迫っていきたいと思います。

日本語と英語の音の違い

　日本語と英語の音の違いにフォーカスしてみましょう。図1は、アルフレッド・トマティス博士の研究から来ているもので、優先的に使う言葉のパスバンドを表したものです。

　日本語は低周波数帯を多く使っています。舌の位置や呼吸の仕方もこの周波数帯に関係してきます。

　では、英語はどうでしょう。アメリカ英語とイギリス英語では、優先的に使う周波数帯は全然違います。アメリカ英語は、「コミュニケーションゾーン」と言われる周波数帯をたくさん使っています。これは、背骨の響きとも一致するのですが、ちょうど胸の辺りをたくさん使って体を響かせ、より自分のことを相手に伝える努力をしている、そんな言語です。「人種のるつぼ」といわれる、いろいろな国の人が集まるアメリカなので、それぐらいしないとわかり合えないのかもしれません。

(ヘルツ)	125	250	500	1000	1500	2000	3000	4000	12000
日本語		■■■■■■■■■■■							
英　語							■■■■■■■		
米　語				■■■■■■					
フランス語		■■		■■					
ド イツ語		■■■■■■							
イタリア語					■■■				
スペイン語		■■		■■					
ロシア 語									

（ 図1　トマティスパスバンド表）

　イギリス英語は、ある程度の距離感を取って、「ここより先に入らないでください」という感じの話し方です。ちょっと気取ったように聞こえるかもしれません。喉を緊張させて呼吸のコントロールをして、口の先

を使う高周波数帯をたくさん含む発音です。

　アメリカ英語であれば、舌や息の使い方によって、呼吸を巻き込んで、ギターの音色のように身体を響かせるような発音になります。ところが、日本人が変な日本語らしい英語発音をすると、母音が強調された発音となってしまいます。呼吸感や響きをあまり感じないリズム感のない英語なので、ネイティブに伝わりにくくなります。また、そのリズム感のない英語を発話し、聴いている日本人の耳は、英語の特徴をうまく捉えられない耳なので、「ネイティブの英語をよく聞き取れない」という現象が起こるのです。

英語学習は筋トレ

　言いたいことを英語にしなければ会話は成り立ちませんが、その「言いたいことを英語にするということができない」という声もたくさん届きます。「言おうと思うと、外国の人の話している話がどんどん進んでしまっていて、話す機会を逃してしまい、何も言えない」「表現や単語がわからない、全然出て来ない」といった声です。

　単語や表現は、中学や高校でたくさん勉強してきたはずです。それなのに「使えない」「脳の奥底の引き出しから、どうやって取り出していいかわからない」と言うのです。これは回路の問題が関係しています。

　では、どうすればそれを改善できるのでしょうか。英語を使う回路に変えていけばいいのです。でも、それだけではありません。

　母語と異なる他の言語を使う場合は、言語処理を速くするという方法もあります。「右耳を使って情報を直接、左脳の言語中枢に入れ、そこから話す」という方法をトマティス博士は推奨しています。私も「右耳を優先的に使う回路を使いましょう」と指導しています。

　実は、英語学習というのは「筋トレ」でもあるのです。音は鼓膜を振るわせた空気の振動だけで聴いているわけではありません。これもトマ

ティス博士の研究の一つですが、人は骨導で身体を響かせても聴いています。図2のように、骨の周波数帯を受信する箇所が違うので、周波数帯も意識して響きを捉えることが大切です。

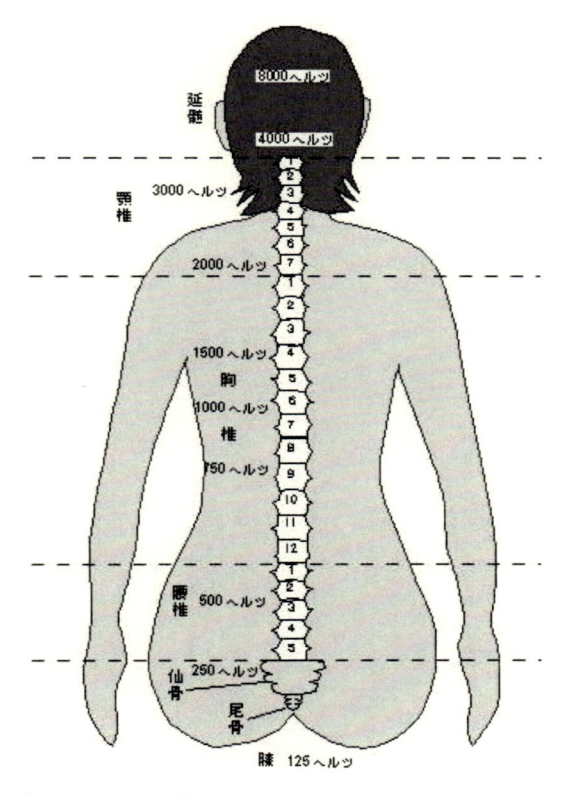

（図2　音の伝わり方）

　そして発音。音が違うと、話しても通じません。相手に届かないということになります。どうしたら、通じる英語が出てくるのでしょうか。例えば、「海外に行った時にコーヒーを頼んでも、コーラしか出てこなかった」とか、「発音、発言すべてに自信が持てないので、声が小さく

なってしまい、聞き取ってもらえなかった」という話をよく聞きます。しかし、舌や呼吸の使い方が、日本語と英語では大きく違うので当然です。そのために、いろいろな「筋トレ」を考え出して指導をしています。

プロソディーという教育法

　私は言葉のリズムを大切にした「プロソディー」という教育法を取り入れています。音のリズム、イントネーションやアクセント、そしてフルエンシー、これらを大切にすることが、きちんと伝わるコミュニケーションの基になるわけです。脳神経生理学的にいうと、ブローカ野やウェルニッケ野を育てるために、シャドーイングというやり方を取り入れると効果的です。

　詳しくは、著書の『1日5分高周波英語トレーニング』をお読みいただくか、ホームページ(http://tomatis-jp.com/)をご覧いただいて、興味のある時はいつでも、私にご質問いただければと思います。

　英語だけではなく、学校、社会、家庭、すべての場でコミュニケーションが問題になってきています。お互いに響き合うために、いい声を持ちましょう。そして、「聞く」を「聴き取る」に変えるような、素敵な耳を持って、傾聴する、そんな社会を目指して、私もこれから頑張っていき

たいと思います。

プロフィール

いまい ひろみ　神奈川県、横浜生まれ。聴覚カウンセラー (トマティスコンサルタント) として、IMAI研究所を作り、その経験と研究から、耳と声を使った新しいアプローチでコミュニケーション指導を行っている。英語を使った国際コミュニケーションを、幼児教育から大学までの学校講習を通して、幅広い年齢層の学生及び企業人に研修。英語の受信・発信を指導し、英語回路の早期確立へと導く教育を行う。また、家庭、社会でのコミュニケーション問題解決の講習にも力を入れている。

Speaker's Now

日本各地の高等学校や大学、企業での講演を行っています。
著書に『1日5分 高周波 英語トレーニング』(IBCパブリッシング2015年発行)。

10 デジタルキャンパス構想 ［安藤 昇］

佐野日本大学中等教育学校・高等学校ICT教育推進室室長　安藤 昇

　東日本大震災の時、インフラは非常に乱れました。交通機関も復旧せず、なかなか学校に来られないという状態が約1カ月続きました。生徒の連絡網も電話は通じません。しかし、インターネットで情報を配信することによって、生徒たちは学校の情報を知ることができました。このことを教訓に、いつでもどこでも学べる環境をつくろうということで始めたのがデジタルキャンパスです。

震災から3年経てデジタルキャンパスを構築

　ネットで何か情報を配信できたらいいなと考えました。当時は予算もなく、私が勝手に始めたことなので、文科省の管轄する機関NII（国立情報学研究所）が無料で配布していて栃木県内のすべての公立高校も使っているCMS、「NetCommons（ネットコモンズ）」を使うことにしました。

　まずはホームページを作りました。すべての教職員に権限を与えて、誰もが簡単に更新できるホームページです。このネットコモンズには緊急連絡システムがあるため、それも利用することにしました。生徒に自動的にメールが配信される仕組みです。

　「ホームページ更新してください」と言っても、先生方はなかなか更新してくれません。そこで、教職員用のグループウェアを作りました。外部メール、校内メール、証明書の発行など、校内の連絡はすべてグループウェアを利用することにより、ペーパーレスが図られるようになりま

した。会議の時もタブレットを持って参加しています。

　このように、震災から3年の月日を得て、デジタルキャンパスが構築されました。ここまでサーバー代を除けば、ほとんど無料です。

　「デジタルキャンパス」は商標登録をしています。これは最初「サイバーキャンパス」にしようと思ったら、商標登録されていて使えないことがわかったので、「デジタルキャンパス」という名前を使えるようにしているだけです。

ユーザーインターフェイスの統一がもたらした教育環境の変化

　今まで学校の先生がネットで気軽に発言することはなかなかなかったと思います。しかし、ユーザーインターフェイスを内も外もまったく同じにしたことによって、先生方が気軽に発言できる環境が出来上がりました。だいたい2週間で100件、1カ月で400件ぐらいの書き込みがあります。動画をアップする先生も出てきました。また、だんだん慣れてくると、メディアリテラシーも備わってきて、「生徒の顔はなるべく大きく載せないようにしよう」とお互いに注意し合ったりもします。

さらに活性化するために、いつでもどこでも学べる環境をと、全教職員にタブレットを配布しました。タブレットはデジタルスタイラスペン付タブレットです。これにNoteAnytime（現MetamojiNote）という手書きソフト、Camtasia Studio（カムタジアスタジオ）という動画編集ソフトも導入し、これらを三種の神器と言っていますが、公開セミナーや研修旅行等で外に出た時でも気軽に発言や動画のアップができるようになりました。

　例えば、体育祭の集団演技の予習動画をアップした先生や、定期テストの解答解説をテストが終わった瞬間にアップした先生もいました。生徒が一番解答を知りたいのは、テスト直後だと思います。この先生は次の授業で「動画を見て、わからないことはないか？」と、スムーズに授業に入ることができたと言っています。

　タブレットは授業で使うというよりも、授業以外のところでの活用が有効ではないかと感じています。

タブレットの導入で成績アップ

　2012年、131台の生徒用タブレットを購入して、放課後の利用状況の調査をしたところ、非常に効率のよい学びをしているということがわかりました。大手予備校と提携し、ストリーミングのコンテンツを見ることができるのですが、90分の講義を倍速で視聴し、わからないところは繰り返し反復学習をしていたり、ホームページ上から宿題の配信をしたりと、自分のペースで学べることが功を奏し、日大付属校内で成績中位だったのが、上位に上がってきました。

　メールや動画による教材の配信や、保護者の関心の高まりがこのような結果をもたらしたのではないかと理事長に進言したら、「本格的にやろう」と購入数が131台から1,152台へと増えました。

将来の授業風景と教員の意識改革

　校内には216機のWi-Fiを設置、すべて5GHzで統一し、ローミング機能を有効にすることにより冗長化を施しました。システム的には日本の学校で成功レベルだと思います。

　環境を構築する際、「自分が生徒だったら」ということを考えました。私は規制されるのが嫌なので、iPhone（iOS）のjailbreak、Androidタブレットのrootや、USBからのブートで何とかセキュリティを破るだろうと思います。スーパーサイエンスハイスクールの優秀な生徒がいて、いとも簡単にセキュリティを外すのではないか。ならばと、最初からBYOD（Bring Your Own Device；端末持ち込み）対応にしました。将来は、校舎内どこにいても学べる、そういう風景になったらいいなと思っています。

　どうしてもこういったことに対応できない、やりたがらない先生も出てきます。そういった先生に向けて、「タブレット導入に反対する教師が、甲子園で活躍する教え子にタブレットで授業を届ける物語」の動画を作りました。

プロフィール
あんどう のぼる　佐野日大高校にて数学・情報を教える普通の教員。趣味はテレビ東京の午後のロードショーを全部観ること。特技は映像製作。

Speaker's Now

2015年から Microsoft Innovative Educator Experts に認定され、2016年にハンガリーで開催されたマイクロソフトの世界大会では first runner up を受賞。また、顧問をしているデジタル放映部と剣道部は全国大会で活躍中です。2017年度からはドローン部を学校に新設し、ドローン操縦士の育成に励んでいます。

11 大学が発信したい情報と、記者が求めている情報のギャップとは？ ［小林 聡］

大学通信 総合戦略企画室 室長　小林 聡

　高校別の大学合格者ランキングや、大学の就職率などの情報をマスコミ各社に配信することを一つの柱としている「大学通信」ですが、大学や中高のプレスリリースを取りまとめてマスコミに配信する「大学プレスセンター」というサービスを展開しています。そのサービスを運営する中で常々、大学が発信したい情報と記者が求めている情報にギャップがあるのではと感じています。

大学のニーズ、記者（マスコミ）のニーズ

　大学、学校側の情報発信のニーズとしては、「イベントの告知をしたい」「学校の特色を知ってもらいたい」「リリースを記事にしてもらいたい」というものがあると思います。簡単に言ってしまうと「学校の宣伝をしたい」ということに集約されます。

　一方で、記者側のニーズは、「社会性のあるニュースを伝えたい」「今の世相、風潮を伝えたい」「大学と社会の接点を伝えたい」、つまりは「大学の今を記事にすることによって今の社会を読み解きたい」ということになるのではないかと思います。

　ここに、「宣伝をしたい」という大学側のニーズと、「社会を読み解いて記事にしたい」という記者のニーズにギャップが生じます。このギャップを少なくしていくことが、より効果的な情報発信をするポイントになるのではないか、と私は考えています。

記者のニーズに応える大学広報は

　記者のニーズに応える大学広報について、3つのポイントを考えてみました。

　一つ目は、「社会性、時節を意識した情報発信を」ということです。記者は、その情報に社会性はあるかという視点で接します。今、世間で話題になっていることは何か、今の学生気質を物語る活動はないか、季節感のある情報はないか。このような視点で学内の情報を探してみることが大事です。

　一方で、記者の方々の習性として、よく初モノを追うといわれます。初モノというのは、世界初、日本初、あるいは日本一といった情報です。このような情報は記者の目に止まりやすい。ただ、そんなビッグなニュースは学内にそうそうあるものではないでしょう。だからこそ私は、社会性や時節を意識した情報発信が、記者のニーズに近づく鍵であると考えています。

二つ目は、「大学と社会との接点を意識した情報発信を」ということです。大学、あるいは学校というところは、税金を投入され、また、税制面でも優遇されています。そのため、各大学の教育や研究がどのように社会に役立っているかという社会貢献的な視点が、情報発信においても求められます。例えば、学生の活動がどのように社会に役立っているか、先生の研究がどのような成果を収めているかといった視点のリリースをもっと積極的にしていくべきでしょう。

　この点が、モノやサービスを売るための企業広報と、教育機関である学校広報との決定的な違いだと思います。

　三つ目は、「Newなニュースにこだわりすぎない情報発信」をということです。「NEWS」とは、「新しいもの」の複数形です。新しい話題を求めて情報を集めていくというのは当然の動きではありますが、社会性を意識して情報発信することを考えると、新しいものにこだわりすぎなくてもいいのではないでしょうか。「NEWS」とは、North、East、West、Southであり、古今東西、学内の多様な資源を集めて情報発信するということも、プレスリリースの観点として必要なことです。教育というのは地道な活動の積み重ねですが、積み重ねてきた伝統、地道な教育、研究活動も立派なニュースです。

大学が発信している情報とその打率

　過去3年間で大学プレスセンターが蓄積した3,000件以上のNEWSをジャンル分けし、マスコミに載りやすい（打率が高い）ジャンルはどういうものなのか、分析した結果があります。

　まず、発信されるニュースの数でいうと、例えば公開講座、シンポジウムなどの「イベント」のニュースが圧倒的に多い。続いて地域貢献、学生の活動を紹介するニュースになっています。

　次に、新聞などのマスコミに掲載された数から、それぞれのカテゴリー

のニュースが掲載された率（打率）を出してみました。最も高い打率を
たたき出したのは、施設・設備関連のニュースで、約4割です。続いて、
先端的な研究や大学改革、産学連携のニュースは打率が高いといえます。
逆に、イベント系のニュースは、本数が多い割にそれほど打率は高くあ
りません。このような打率の高いジャンルのニュースを意識して情報を
集めるということも一つの手です。

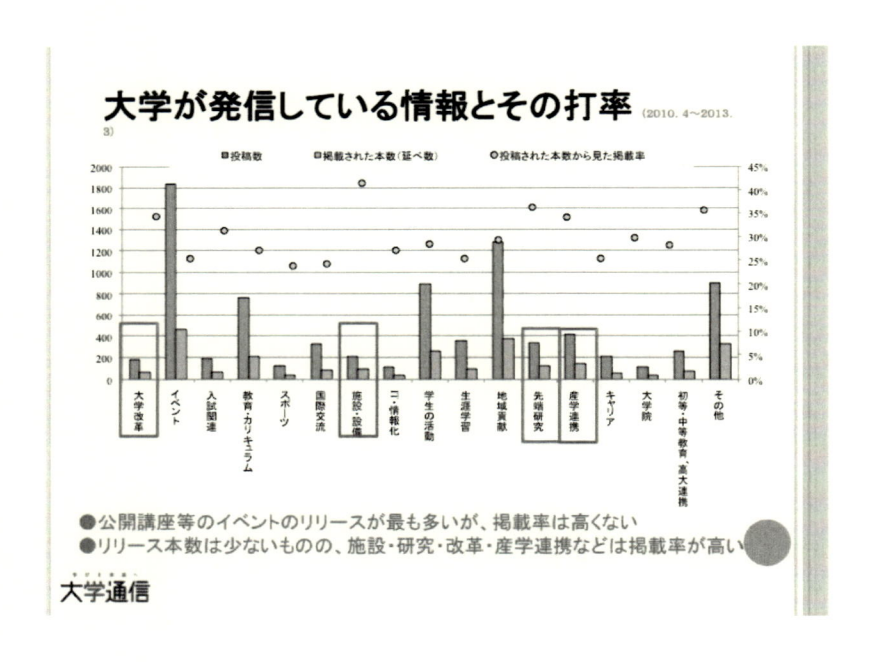

しかし、これは決して「イベントのニュースが有効ではない」と言って
いるのではありません。イベントのニュースも、社会性や季節感といっ
た要素を加え、魅力あるリリースに仕立てることは可能です。

せっかくの貴重な情報です、一工夫を加えて、記者のニーズに応える
リリースをしてみることをお勧めします。

プロフィール

こばやし さとし　1970年、神奈川県生まれ。1994年、早稲田大学法学部卒。
11年間の銀行勤務後、「おカネの仕事が嫌になり」退職、そして「学校に近い仕事がしたい」と大学通信に入社。
大学、中高への営業を担当する傍ら、学校情報のプレスリリースサービス「大学プレスセンター」の企画運営にも携わる。月1回、サンデー毎日の連載コーナー「大学プレスセンターニュースダイジェスト」に記事を執筆中。

Speaker's Now

　大学通信では、毎年「大学広報セミナー」を開催しています。マスコミの記者を講師にお迎えして大学広報についてお話ししていただく企画で、2016年に開催したセミナーでは、朝日新聞、読売新聞、NHKの記者に登壇していただきました。

　話の中で共通していたのが、①記者は大学の情報を求めている。遠慮せず、もっと積極的にリリースしてほしい。②時流に乗った（世相を反映した）リリースは目に留まりやすい。③単発の情報では取り上げられなくても、複数の大学の情報が集まれば、それがトレンドになる。ということでした。

「時流」「世相」「トレンド」「社会性」という言葉は話の中に何度も登場したキーワードです。これからは、このような観点を意識した戦略的な情報発信をする大学が増えてくるかもしれません。

12 Teach For Japanの挑戦 ［松田悠介］

認定NPO法人Teach For Japan代表理事　松田悠介

　学校を卒業後すぐに教育の現場に入った私ですが、長い期間を教員として過ごしたわけではありません。そうした中での感想ではありますが、これほどやりがいのある仕事は他にはないと心から思っています。しかし、教員の多忙化などのいろいろな問題がある中で、就任当初の熱い思いを少しずつ失っていく教員や、学級崩壊を子どもたちのせいにしている教員が少なからずいることも事実です。この点をなんとかしたいと思い、Teach For Japanは大人たちの思いを持続的に発展させる仕組みづくりに取り組んでいます。

すべての子どもたちに素晴らしい教育を

　Teach For Japanは、生まれた地域環境や家庭環境にかかわらず、すべての子どもが素晴らしい教育を受けることができる社会の実現を目指し活動しています。ニューカマー／オールドカマーの子、発達障がいなど様々な障がいを抱えている子、性的マイノリティや経済的に厳しい状況にいる子、どのような状況であったとしても素晴らしい教育を受ける権利があります。言い換えるならば、「厳しい状況にいる子どもたちにこそ最高の教育を提供していきたい」という思いで私たちは活動しています。

貧困の連鎖

　多様な課題がありますが、「貧困」が非常に深刻な問題として日本国内に存在しています。生活保護受給率は年々上昇し、現在では6人に1人の子どもが貧困状態にあると言われています。世界的に見ても日本の相対的貧困率は、OECD主要国の中で4番目に高くなっています。

　経済状況が子どもたちの学力に及ぼす影響はとても大きく、世帯年収が高ければ高いほど、子どもの学力は高く、世帯年収が低ければ低いほど、子どもの学力が低いというのは事実です。

　また、どのような高校に進学したかにより大学への進学率は大きく違ってきます。偏差値が高ければ高いほど現役での進学率が高くなり、低ければ低いほど進学率は低くなる。そして、偏差値の高い高校に通っている子には、浪人してでも大学進学を目指す意識と経済的ゆとりがあります。低い高校では保護者がそのようなメンタリティを持っていない場合が多く、進学することを諦めて、そのまま就労を強いられる結果となります。

　この局面で大学に進学したか進学しなかったかにより、その後の職業選択の幅や得られる年収には大きな差が出てきます。そして、何よりも深刻なのは、これが世代を超えて連鎖をしているということです。結局、生まれた地域や家庭環境により、自分が大人になった時に自分の子どもに与えられる教育が限定的になってしまっています。しかし、残念ながらこうした問題が社会で真剣に捉えられていない、取り組む人がいない、だからなかなか解決しない、というのが現状です。

素晴らしい教育とは

　では、素晴らしい教育とはどういうものでしょう。私は、今の時代に合った教育というより、15年後、20年後の社会を見据え、子どもたちが

大人になった時に、自分の可能性を生かせる分野の仕事に就くことができる、そして社会経済的に自立していくことができるようになる、そういう教育だと思っています。

そのために私たちは何をすべきなのでしょうか。どういうテクノロジーを使い、どういう形で子どもたちと向かっていくべきなのか、それを真剣に考えていく必要があると思っています。

この問題は、学校、地域、家庭が連携しながらやっていく問題です。経済的に厳しい子どもたちと向き合っていると、「これは親の問題だ」と言う人もいますが、「親の問題だ」という発言をした瞬間、問題の解決は止まってしまいます。いろいろな家庭環境的要因があったとしても、学校や地域がその子に対して何ができるのか、どう改善できるのか、これを常に考えていく必要があります。

私は、子どもと接している時間が長い学校の教員のエンパワーメントを通じて、地域や家庭を巻き込みながら、子どもたちの教育インフラを考えていきたいと思っています。

優秀な人材を教育の場に

しかし、教員の多忙化、社会から求められるニーズと現場のリアリティとのギャップなど、学校現場にはいろいろな問題があります。だからこそ、こういった複雑化している学校現場に思いを抱いている優秀な人材がどんどん入ってくる仕組みづくりが必要です。

今の時代、教員免許を取っても優秀な人材は民間に就職し、流れていく傾向があります。就職できなかった時の保険と考えて教員免許を取るという人たちも少なからずいます。教員養成大学といわれる東京学芸大学ですら、教員になる割合は4割前後だといわれています。

優秀な人材が民間に流れてしまうのではなく、国づくりの根幹部分である教育に携わるための仕組みづくりに取り組まなくてはなりません。

そしてまた、熱い思いを持って現場に入った人たちのその情熱が、持続的に発展し続けられる体制を社会全体で支えていくことが大切です。

Teach For Japanの教師派遣システム

Teach For Japanでは、全国の教育委員会と連携しながら、あるプログラムを展開しています。生活保護率や子どもたちの学力等のデータを基に支援先の学校や地域を教育委員会との協議によって確定させ、そこに我々の人材を2年間、教師として派遣するというシステムです。

我々が派遣する教員は、個人面接、グループディスカッション、模擬授業、筆記試験、そして260時間の合宿型研修を経て現場に入ります。そして2週間に一度のメンタリングと、毎月の授業のフィードバックを受けます。

2013年の4月に1期生が現場に入ったばかりですが、2014年の4月に2期生、2015年には3期生が入ります（2018年には6期生が入ります）。

Teach For Japanでは、社会人経験者にフォーカスをして採用活動を行っています。民間でうまくいかなかったから教員になろうという人ではなく、民間で実績を上げた上で、Teach For Japanのビジョンに共感してくれる人を積極的に採用しています。

信頼関係を築き直す

実際、元気な子どもたちと向き合う現場はとても大変です。しかし、何もしなければ何も変わりません。我々の短い介入であったとしても、人生を変えるきっかけとなるような影響を与えることが可能です。学校の中で子どもたちと接している時間を通して、しっかり子どもたちと向き合って、子どもたちが将来、社会的経済的に自立すること、そして一人ひとりの可能性が最大限に生かされる仕事や分野に進むことをサポー

トしていくことができればと思っています。

　中には、中学生にもかかわらず授業開始5分ぐらいで「ニコチン切れ」と言って教室の外に飛び出していく子もいます。上から目線で「やめなさい」と言うのではなく、なぜこの子はそうなってしまったのかをしっかりと理解していく必要があります。彼らは共通して言います。「大人は嘘つきだ」。彼らは大人の作り出した社会に理不尽さを感じ、そして、そのエネルギーを違った方向に向かせているわけです。

　こうした子どもたちには、もちろん指導はしますが、上から目線で指導するのではなく、しっかりと座り込んで一緒に対話をしていきます。そうするだけでも信頼関係の築かれ方が全然違ってきます。「このお兄ちゃんお姉ちゃんの言うことだったら聞いてやるか」となります。それが、勉強に取り組む姿勢、次へ進むエンジンへとつながるのです。

　信頼関係が築かれると学級が安定し、子どもたちが学ぶようになっていきます。ある教室では、子どもたちの英語の学力テストの結果が県の平均点を20ポイントも上回る結果を出しました。

次世代の教師にリーダーシップを、すべての子どもに時代を切り拓く力を

　2015年度はこういった熱い思いを持った先生を、関西・九州地区を中心に20名配置する予定です。（2017年現在、全国に60名を超えるフェローが九州地区を中心に子どもたちと向き合っている。）また、良い人材でありながら教員免許を持っていないという人には、教育委員会と連携をし、国の特別免許状という制度を活用して現場に送るようにしています。

　そして、何がうまくいって何がうまくいかなかったかをエビデンスベースで体系的に集め、今後の教員採用の在り方、教員養成の在り方に反映していきたいと思っています。

　また、このモデルはアメリカはじめ世界40カ国ですでに広がっているモデルです。グローバルスタンダードでこのことを考え、次世代の教師にリーダーシップを、そしてすべての子どもに時代を切り拓く力をといった思いで、全力で取り組んでいきたいと思っています。

プロフィール

まつだ ゆうすけ　1983 年、千葉県生まれ。日本大学を卒業後、体育教師として中学校に勤務。千葉県市川市教育委員会を経て、ハーバード教育大学院へ進学し、修士号を取得。卒業後、PwC Japan を経て現職。日経ビジネス「今年の主役 100 人」（2014 年）に選出。世界経済会議（ダボス会議）Global Shapers Community 選出。京都大学特任准教授。一般社団法人「教師の日」普及委員会 代表理事。著書に「グーグル、ディズニーよりも働きたい「教室」（ダイヤモンド社 2013 年）」。

Speaker's Now

2015 年から日本に「教師の日」を普及する活動を始めました。教育は国創りの根幹です。その最前線で日々子どもたちのために頑張っているのが学校の先生です。ただ、母親・父親・保護者のように毎日のように接する、そこにいて「当たり前」な存在。そんな毎日のように向き合ってくれてくれる先生は親や保護者のようにとても大切な存在です。しかし、我々はそんな先生方に「ありがとう」と感謝の気持ちを伝えず、メディアなどを通しても批判していることが多いように感じます。そういった空気を変えるためにも、世界的に普及している「教師の日」を日本でも普及させる活動を開始しまし

た。先生方にも感謝の気持ちを伝えることを通して、生徒・保護者と先生の間に信頼関係を築いていくきっかけになればと思っています。皆さんもぜひとも、昔自分自身に影響を与えてくださった先生に「ありがとう」の気持ちを伝えに行きませんか？アクションの取り方はこちらでご確認ください！

⇒http://japan-teachers-week.jp/

13 交流と創造、そして学びの場へ [小松 大]

株式会社朝日ネット　小松 大

　私の座右の銘は「為せば成る、為さねば成らぬ何事も、成らぬは人の為さぬなりけり」です。社会で働く者として必ず何かを成し遂げたいと想いを持っています。そこで、私自身が朝日ネットの中で行っていること、それから、今後未来に向けてどんなことができるのだろうか、という話をします。

交流と創造

　朝日ネットには2つの事業があります。一つはインターネットサービスプロバイダ事業、もう一つはmanaba（マナバ）の事業です。

　まずは、インターネットサービスプロバイダ事業についてです。私どもは理念として「交流と創造」を掲げています。始まりはASAHIパソコン通信でした。インターネットとインターネットを通じて人が出会い、交流が生まれ、何かを創り出す、ということを私どもは20年前から行っています。それが「交流と創造」であり、今でも色あせない言葉として使われていることを、私は非常にうれしく思います。私の好きな言葉です。

　次に、manabaという事業です。学校、主に大学にLearning Management Systemや、Portfolio Systemを提供しています。2009年から始まり、今では220大学、40万人の学生・教員が使っているサービスです。

今、インターネットで起きていること

　例えば、アメリカのApple社から「OS8が出るよ」「iPhone6が出るよ」というような発表があると、一瞬でインターネットの利用量が増加します。同様に年越しの瞬間でも「あけましておめでとう」のツイートなどで一気に利用量が増加します。

　私どものように通信を扱っている会社からすると、この2つは全く別事象です。事象はインターネットを経由した情報、利用量が増大していることに間違いないのですが、その背景には情報を受信する側と、情報を発信する側という2つがあり、今起きているのは後者のように情報を発信する人が極端に増えているということです。

　「何かわからないことがあったらGoogleに聞いてみよう」という会話を聞きます。しかしながら、Googleに聞いて出てくる情報は誰が発信した情報なのか、これが正しい情報なのか、何の保証もありません。これが今インターネットで起こりつつある問題です。

　大学の中でも同じことが起きています。学校の先生、学生の皆さんに、ICTというものがすごく広がり、発信する機会が増えていますが、見えない負荷がかかっているのではないかと感じることがあります。先生は、何か発信しなければ、作らなければ、補足しなければ…と、それがだんだん負荷になり、本来やるべきことを後回しにする現象が起きているような気がします。

　インターネットは人間を楽にするものであってほしいと考えます。朝日ネットが教育を変えるというよりも、教育を変えることができる現場の先生や学生たちの手伝いやきっかけになりたい。なるべく手間がかかることは私たちがやる、そういう場でありたいと思っています。

時間軸の見えるデータを

　まずは、「共創」を提供したいと思います。これからはCreating Shared Value（共有価値の創造）というものが多くなると思います。ある先生が作った教材を複数の先生で共有する。目の前にある紙よりも当然大事ですが、紙を作った背景や思いや状況といったものがすごく有意義な情報に変化します。こういったものをうまく共有していく場を作っていきたい。

　このような考え方は、すでにアメリカでは出ているのですが、アメリカの考え方と日本とではまた違うのではないでしょうか。もっと日本的な職人気質というか、日本刀を研ぎ澄ますような文化というものを日常の現場で先生は行っていると感じています。それをコンテンツ化できたらいいと思います。

　そのために必要なものがデータの管理ではないでしょうか。今、日常にはデータがあふれかえっています。目の前にはPCがあり、デジタルデータがあり、クラウドがあってと、様々なところに情報が分散化しています。それ故に、目の前に見える情報はあっても、その背景が見えないのです。情報の表層化傾向が増えています。

そこで、情報のプラスアルファとして、時間軸の見えるデータをつくり、時間軸と情報が有機的にいろいろなところと絡みあうような場をつくりたいと思っています。

GKB48のフェイスブックを見て良いと思うのは、一つの意見に対してデータがあり、また意見があってと、それらの情報がタイムライン上でつながっているため、全体を把握するのにとてもわかりやすいことです。これが私のデスクトップを見ると、ファイルがただ並んでいるだけで、時間軸はめちゃくちゃ、何を表現しているのかわかりません。

朝日ネットは通信としての根っこの部分をやっているので、この課題を解決する手法を提示したいと思っています。

知識と知識の交流

お金は誰かにあげたらなくなります。食べ物も誰かに渡したら自分の分はなくなります。しかし、知識は誰に分け与えても減るものではありません。逆にそれが自分に返ってきて、より大きな集合体となっていく特性があります。これは学びや知識の最も特徴的な点だと思っています。

目指す未来像は、自分の中にある知識や他人の知識を交流することにより、新しい気づきを得られ、今までに無い知識を創造できる場所を足元で支えられるような何かです。

プロフィール

こまつまさる　1978年、山形県生まれ。株式会社朝日ネットで教育機関、主に大学向けに教育支援サービス「manaba（マナバ）」の企画・販売・開発を担当している。「manaba」は2014年3月末時点で国内240大学、40万人に利用されている。

Speaker's Now

教育の主役は、教員や学生、生徒、児童です。私たちはその下支えができるような学びの場としての「manaba」を提供したいと考えています。現在は、事業開発室として、事業創出や企業提携、M&Aを担当しています。

3

おわりに

大規模土砂災害被災地、広島から

広島経済大学　山本俊介

　今回のカンファレンスの主旨とは多少異なることではありますが、広島市の安佐南区・安佐北区を襲った集中豪雨による大規模土砂災害について、本カンファレンスで義援金を募っていただいているとお聞きし、GKB48の中でたまたま近隣に住む私から、僭越ながら、お礼の言葉とともに現在の状況を報告させていただきます。

　全国的なニュースとなった、このたびの大規模土砂災害ですが、広範囲なうえに重機が入れない狭い地区が多いため復旧作業もままならず、災害発生から1週間が経った今日においても、いまだ行方不明者の捜索が続いているという状況です。私の勤務する広島経済大学は同じ安佐南区にありますが、避難勧告も避難指示も出ていない祇園地区にあるため、大きな被害はありませんでした。大学が斜面に建っているため多少の土砂崩れはありましたが、幸い人的被害や建物への被害はなく、夏期集中講義も再開するなど日常を取り戻しています。

　それでも、避難勧告や避難指示が出されている緑井地区・八木地区と、山本地区とに挟まれた地域であるため、皆さまには大変ご心配をおかけしました。GKB48でつながった多くの皆さまからも、それぞれ安否確認だとか、何か力になれることはないかという温かい言葉をいただき、さらには本カンファレンスでも義援金を募っていただけるなど、本当にソーシャルネットワークの可能性というものをあらためて感じている次第です。

　広島経済大学でも、学生、教職員、そして同窓生を対象に義援金の募集を開始しました。また、学生たちが運営するコミュニティFM放送局「FMハムスター」では、少しでも現地の人たちに役に立つ情報を届け、

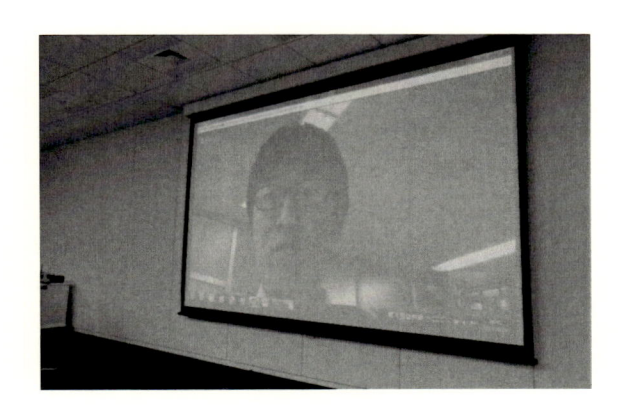

一人でも笑顔になってもらおうと、災害情報や支援物資等の情報、現地の声などを発信しています。SNSを介して現地の方からの情報提供もあるようです。私自身はいまだ被災現場に足を運ぶことができていないのですが、学生たちは自主的に現地に出向きボランティア活動を行っていると聞いています。

　実際には捜索活動がまだ行われている危険区域での活動は難しく、人数制限等でボランティアを断られるケースもあるようです。しかし、危険区域から離れた場所においても多くの土砂が残っており、お年寄りや女性の方々が集めた土砂を入れた重い土嚢を運ぶ姿があちこちで見られるそうで、助けの手はまだまだ必要だと強く感じたと話していました。ボランティアもシャベルを持参しなければならないなど、物資も不足していると聞きます。やれることはまだまだたくさんあるのだと感じています。

　皆さまからの募金も広島市か安佐南区もしくは赤十字など、お届け先は相談させていただこうと思いますが、被災地にとって大きな助けになると思われます。本当にありがとうございます。

　すべての被災地が日常生活を取り戻すには、まだまだ多くの時間を要すると思われますが、今後は人々がいろいろな意味でつながり合い、ひろ

がり、心を一つにして復興を信じ、願うことこそが大切だと思います。そこから多くの発想と可能性が広がっていくのだと思います。本カンファレンスのテーマである「広がるつながり 広げる教育」でも同じことがいえるのではないでしょうか。

プロフィール
やまもと しゅんすけ　1975年、広島県生まれ。広島経済大学経済学部経営学科を卒業後、同大学情報センターに入職。学内ネットワークの整備などに携わる傍ら、十数年前からウェブマスターとして大学公式サイトの管理運営を担当。業務上の問題解決を求め、2002年に在職しながら広島大学大学院社会科学研究科マネジメント専攻に進学。現在は入試広報センターでネット広報を主業務に、公式サイトのリニューアルを進行中。GKB48書籍編集チームメンバー。

※2014年の第3回教育カンファレンス「広がるつながり 広げる教育」参加者のご協力で集まった26,179円は土砂災害に関するボランティア活動を行っていた、広島大学の学生ボランティア団体ORERATIONつながりへ寄付させていただきました。ご協力ありがとうございました。

大学の形

中央大学 情報環境整備センター　渡邉純一

　これまで、いろいろな場面で「今後の大学の形」を模索し、時には話をし、ある時は文章にも書き留めてきました。しかし、まだまだ見えない部分がたくさんあり、今後どう変化していくのかわからないのが正直な気持ちです。その理由は、テクノロジーの急速な進化が留まることを知らない状況にあるために、先が見辛くなっているからなのです。とはいえ、このまま手をこまねいていても何の解決にもなりませんから、幾つかの可能性の中から一つの仮説を立て、今後の教育機関において何が起こりそうかという話をしてみたいと思います。

　教育の世界は、これまでにも何度か大きな変化を遂げています。江戸時代の寺子屋や藩校のような仕組みから、維新がもたらした新たな教育機関の成り立ち、続いて、第二次大戦後の教育指針の大幅な方向転換です。

　そして現在、次の大きな変化ともいえる、テクノロジーによる教育手法の大変革が起ころうとしているのです。それは、これまでに例を見ない「想定外の大きな津波」といえるのです。この言葉を耳にするたびに辛い思いをする人がたくさんいらっしゃるかと思います。ご容赦ください。ただ、教育の世界では、今後起こるであろう「想定外の津波」のような大変革について、何となく危機感を持ちながらも「今の形は、まあ、あと数十年は続くだろう。それまでには自分は引退しているし…」という言葉ばかりを耳にするのです。

　なぜ、こんな言葉がたびたび発せられるのでしょうか。それは、先が見えないことが多すぎる不安から来ている言葉なのではないかと思います。怖さが判別できず、どう逃げたらよいかが見えないのです。だから今こ

そ、この大変革に備える議論を本格的に進めなければならないと思っているのです。

　そこで、これまでいろいろな場面で述べてきた「大学の形」をもう少し具体的な一つの可能性として取り上げてみたいと思います。まずは、研究型と教育型の大学の区分をはじめとした教育機関の大枠の改変（図-1）です。

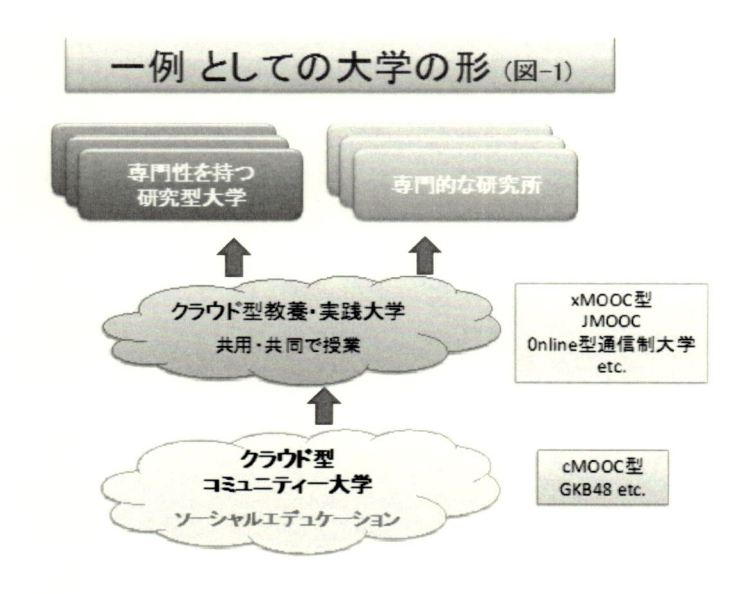

　ここで述べている「クラウド型教養・実践大学」という部分を特に取り上げてみたいと思います。

　この形を実践するとしたら、基盤としてはWebを介し、クラウド環境を駆使する形になります。その意味では、現在動き始めているJMOOCなどは良い例といえますが、もう一歩進んだ可能性として大学間連携という視点で考えてみたいと思います。ここからは、今後考えられる可能性を含めた仮説として捉えてください。

キーワードは「共用・共同で授業」です。このキーワードにおいては、いくつかの専門性の異なる大学が連携することにより、一つの総合大学として組み立てるような考え方です。ある意味、これまでの仕組みを全く変えてしまい、従来の教職員や環境・設備等を大幅に削減し、代わってサポート要員を共同の機関が対応する形です。これを実現しようとすれば、既存の人たちからどれほどの反対が起こるかわからないので、問題は多発するでしょうが、単純に一つの可能性として捉えてみてください。それが県単位での総合大学の構想（図-2）です。

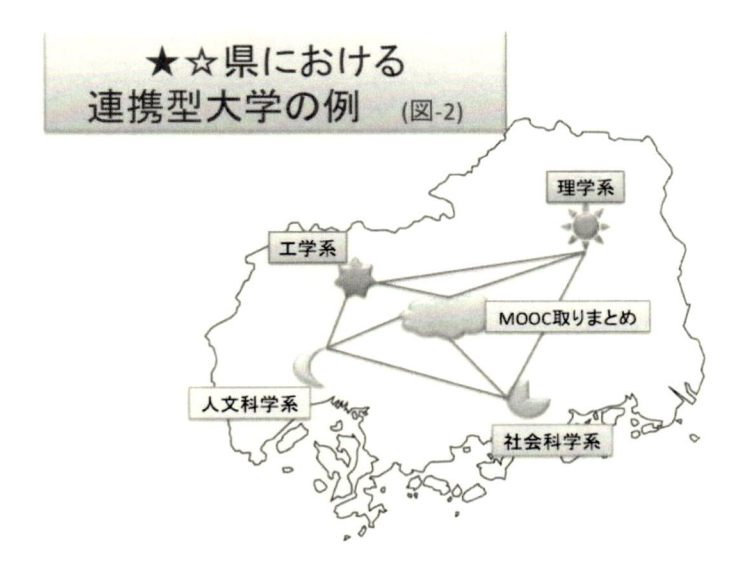

　もし、これが可能であれば、展開は他県との連携が可能となり、さらには日本にいくつかのカテゴライズされた大学が組み立てられる展開も考えられるのです。この実現により、世界に10大学しかいらないと言ったUdacityの創設者でGoogleの副総裁フェローであるセバスチャン・スラーの考え方に対抗でき、少なくとも日本に数大学を存続させることが

可能になるのです。実は、恐ろしい話ですが。

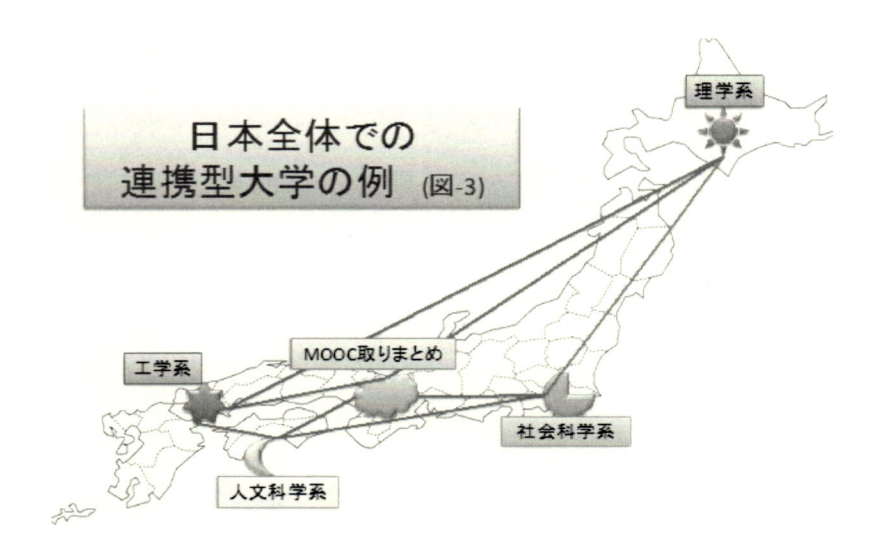

　さて、こんな仮説を夢想してしまえるほどテクノロジーの進化が続いており、最初の山がオンライン教育環境の完成時期になります。そして次の山といえば、人工知能の台頭によるシンギュラリティー（人間の能力を人工知能が上回る分岐点）が起こる時期になると思います。

　ビルゲイツは「2030年を目安としてオンライン教育の環境は整う」と述べ、人工知能の研究者は「2045年を目安としてシンギュラリティーが起こる」と推測しています。果たして、この年代が正しいかどうかはわかりませんが、確実に大きな変化が起こってくることは目に見えています。それまでに、何が大切なことなのかを把握し、それに向けて何を準備しなければならないのかを明確にしておく必要があります。

　私自身が思っていることは、今後起こりうる大変革に耐え得るだけの人間を育てる、つまりステージを一段上げておかなければならいという

ことです。その例は、皆さんが子どもの頃から見ている鉄腕アトムに対するお茶の水博士の対応であり、ドラえもんに対するのび太くんやその仲間の対応です。彼らの人工知能に対する人としての振る舞いが、良い例になると考えているのです。そして、その心情、モラルを組み立てていくのは、結局は「教育」以外にないということを肝に銘じておかなければならないと思います。

　この考え方を軸に置き、逸脱することなく検討を繰り返していけば、実は「大学の形」など、どんな形でもいいのです。

　しかし、一つ考えておかなければならないのは、これを成功させるためには、どんな形であっても多くの人たちが苦労することなく自由に学べ、それによって大きな成果を導き出すことができる仕組みを作らなくてはならないことです。その仕組みが、これまで図に示して述べてきたような仕組みなのか、それとも全然違う仕組みなのかは、様々な人たちの理想や思惑を精査しながら、作り出していかなければなりません。それが素晴らしいものならば、人間がステージアップできたといえるでしょうし、欲得ずくで、すぐにでも崩壊しそうなものならば、人間のステージが停滞したものと評価されても仕方がないことになります。

　できることなら、人間がステージをアップし、たとえアトムやドラえもんがいつもそばにいる時代になっても、臆することなく付き合っていけるようになりたいものです。それには、皆さんがどんな選択をしていくかに掛かっているのです。

プロフィール

わたなべ じゅんいち　1977年中央大学理工学部卒業。同年、中央大学へ入職。電子計算機センター（1992年にイリノイ大学客員研究員）、広報課、学生相談室、情報環境整備センターに勤務。その間に、大学公式Webサイト制作、教養TV番組『知の回廊』制作プロデュース、教育機関のICT環境構築（White Gateプロジェクト設立）。

著書に、『甦れ! 大学』(想隆社2012年発行)、『超HTML入門』（共著オーム社)、『これからの「教育」の話をしよう』（共著インプレスR&D2013年発行）etc.がある。

謝辞

　本誌の出版にあたり、たくさんの皆さまのご協力を賜りました。心より感謝いたします。

　特にインタビュー記事の立案時においては、フェイスブック上でアンケートを実施し、以下の方々にご回答いただきました。どうもありがとうございました。

アカガワヒロユキ、安藤 昇、石川 正、今井宏美、 今窪一太、枝川陽祐、大槻 卓、皆藤昌利、キクチヤスヒロ、栗原直以、小林 聡、小林直樹、小柳久江、佐々木まゆみ、塩野克彦、 品田 健、神宮司信也、杉山比呂之、武井大貴、中島崇史、難波純子、西村準吉、萩野紀之、萩原知明、ハヤシリエ、 平野健太郎、藤牧 朗、古部正三郎、Benjamin Grantham、 前澤太郎、丸山 倫、三嶋浩二、ミワヨーコ、山崎 健、山下研一、山本幸太郎、横田正明、渡邉純一
※敬称は省略。50音順に掲載。

編者紹介

学校広報ソーシャルメディア活用勉強会(GKB48)

2011年8月に第1回の勉強会を大宮で開催するとともにフェイスブックに非公開のグループを作成したことにより発足。略称GKB48の「48」は、47都道府県＋海外を意味する。学校広報に限らず、学校運営や教育問題、ソーシャルメディア、ICTに関心のある人が集まり、2017年2月現在では1,700名を超えるメンバーを擁する。大学、専門学校、高等学校、中学校、小学校、学習塾、教育関連・情報関連企業、NPO法人ほか、それぞれの立場にある人々が、「教育」「ソーシャル」「広報」というテーマのもと、組織を超えて教育への思いを発信・共有し、未来の「教育」をつくることを目指す。ソーシャルメディアの活用や教育の未来などについてオンラインで意見、情報の交換を行なっているほか、メンバーが会場に集まっての勉強会も実施している。2012年に第1回教育カンファレンスを開催以来、2013年に第2回、2014年には第3回、そして2016年に第4回の教育カンファレンスを開催した。また、第1回、第2回の教育カンファレンスのスピーチ内容を採録した書籍を発行。このたびの第3回教育カンファレンスのスピーチ内容を採録した書籍の発行に至る。

◎本書編集チーム
プロデューサー/山下研一、渡邉純一
ディレクター/萩野紀之
チーフエディター/神田裕子
エディター/栗原直以、平野健太郎、前澤太郎、山本俊介
表紙協力：久保田明良
執筆協力：中丸満